交通事故
加害者家族の
現状と支援

過失犯の家族へのアプローチ

著者 NPO法人 World Open Heart 理事長 **阿部恭子** 監修 弁護士 **草場裕之**

現代人文社

はしがき

　過ちを犯すということは、実は、とても苦しいことである。

　警察庁の統計によれば、平成27年度の交通死亡事故死者数は、4,117人である。この数字の背景には、被害者のみならず加害者やその家族も存在している。連日のように報道されている交通事故関連のニュースのなかで、悪質な飲酒運転による事故や高齢者ドライバーによる事故は社会問題として大きく取り上げられるようになったことから、加害者家族のもとにも報道陣が詰めかけ、対応に追われることは想像に難くない。一方で、事故が起きた事実の報道に留まる多くの交通事故の加害者とその家族は、その後どのような生活を送っているのだろうか。
　過失による事故の加害者やその家族がどのような状況に置かれることになるのか、思いを馳せたことがあるだろうか。外出する家族に「気をつけてね」と声掛けするとき、多くの人が想像するのは、家族や大切な人が加害者になることより、被害者になることではないだろうか。「加害者」という当事者性は、誰しも無意識に遠ざけるものなのかもしれない。それゆえ、加害者やその家族になってしまった人々への共感は生まれにくく、社会のなかで、加害者家族が感じる孤独感は深い。

　筆者が代表を務めるNPO法人 World Open Heart（以下、WOHと略す）は、2008年から全国に先駆けて加害者家族支援を開始し、これまで軽微な事件から日本中を震撼させるような重大事件まで約600件のさまざまな状況にある加害者家族の悩みに向き合ってきた。かつて社会問題として真正面から取り上げられることのなかった「加害者家族」の現状に焦点が当てられ、いくつかの加害者家族の物語がメディアで伝えられるようになった。それらの物語は、いずれもメディアスクラムを巻き起こす重大事件であり、交通事故案件ではない。

はしがき　　3

本書は、公益財団法人三菱財団による 2014 年度社会福祉事業・研究
助成の研究成果の一部である。2014 年 10 月、加害者家族支援の新た
な展開として、同財団の助成事業による過失犯の家族を対象とした「交
通事故加害者家族支援」をプレスリリースしたところ、全国の交通事故
加害者家族から相談が寄せられた。事故を起こした責任を取ると遺書を
残して自死した加害者、息子が起こした死亡事故による自責の念に堪え
られず自死した加害者の母親、父親が交通事故を起こして自らも命を落
とし、経済的困窮から一家心中を考えたという加害者家族……。交通事
故加害者家族は、想像以上に過酷な状況に置かれていた。長年コツコツ
働き、家族に愛され、真面目に生きてきた人間がある日突然、一瞬の気
の緩みから人命を奪う事故を引き起こし、「人殺し」「犯罪者」と呼ばれ
るのである。突然、重い十字架を背負わされた加害者のそばにいる家族
からは、後悔と、溢れんばかりの無念の思いが語られた。こうした無念
の思いをどのように掬い上げていけばよいのか。現時点で絶対的な答え
を見出したわけではない。しかし、死にたいと訴える相談者を死の淵か
ら生きる道へと導いているのは、同じ経験をした交通事故加害者家族の
物語である。加害者家族の体験は、ある日突然身内が加害者となったこ
とにより日常を奪われた加害者家族への道しるべとなっている。加害者
家族として歩む道は、決して楽な道ではないが、支援者や仲間が支えて
いる。絶望を感じている加害者家族に、1 人ではないことを伝えたい、
その思いから生まれた 1 冊である。

　本書はおそらく、交通事故の「加害者家族」に焦点を当てた初めての
書籍である。第 1 章は、WOH が受理した加害者家族の相談データから、
交通事故加害者家族が直面する問題や支援のニーズについて、一定の傾
向を示したものである。第 2 章および第 3 章は、個別の事例をもとにし
て、統計からは見えない加害者家族が抱える内面の葛藤と加害者家族と
して生ずる責任について検討したものである。ここで紹介するすべての
事例は、個人が特定されることのないように、事実をもとにしたフィク

ションとして作成されている。

第2章では、事故後の家族関係、被害者との関係に焦点を当て、加害者家族を中心とした人間関係の変化について検討する。事故後の加害者家族を取り巻く人間模様は実にさまざまである。加害者家族は常に一体である、加害者と被害者は常に対極にあるといった固定観念に疑問を呈する物語を紹介したい。

第3章では、加害者家族が事故後、少なからず意識することになる「社会的責任」、つまり、法的責任と道義的責任について整理する。そのうえで、自ら背負うべき責任に気がついた加害者家族が続けている「償い」の物語から、罪を背負って生きるということ、道義的責任（人としての責任）を果たすということの意味について考える。

第4章では、家族に属する限り誰しも有する「交通事故加害者家族」というリスクをどのように共有していくべきか、WOH の実践をもとに、支援体制のあり方と、交通事故の予防につながる支援について検討する。

本書は、交通事故を起こしてしまった加害者の家族が、事故後に抱える可能性のある問題を整理することに役立てていただくとともに、交通事故の加害者側から自殺者を出さないために、事故の処理に関わる弁護士、医療関係者、保険会社をはじめ、各種相談窓口の担当者や支援者など1人でも多くの人と問題を共有するための資料となれば幸いである。

東日本大震災から5年目の春。大災害、事故など、日常の自明性を疑う出来事が起きている。今は何事もなかったのかのように動いている仙台の街も、5年前はまるで戦場のような景色だった。3月11日、多くの命が失われ、大切な人を亡くした人々は、今もなお深い悲しみを抱えている。震災後、WOH には、日本で始まった加害者家族支援の灯を消さないためにと全国から寄付や励ましの声が寄せられた。WOH はその恩に報いるべく、震災直後から、全国の加害者家族支援に邁進してきた。あの日から5年という節目を迎え、震災の惨状が思い出されるなかで、これ以上、失われる命がなくなることを祈りながら執筆に向かった。

新たな加害者家族の物語が、交通事故加害者家族の命をつなぎ止めますように——。

　最後に、これまで出会ってきた相談者ひとりひとり、いつもそばで支えてくれている WOH のスタッフ、現代人文社の成澤壽信さん、西村吉世江さん、齋藤拓哉さんをはじめ、編集に関わってくださった皆様に心より感謝を申し上げます。

2016 年 5 月
仙台より

　　　　　　　　阿部恭子（NPO 法人 World Open Heart 理事長）

『交通事故加害者家族の現状と支援 —— 過失犯の家族へのアプローチ』目次

はしがき　3

第1章　交通事故加害者家族の現状

はじめに　13

第1節　交通事故加害者家族の実態調査　13

　1　実態調査の目的と方法………13
　　⑴　目的………13
　　⑵　調査方法………14

　2　交通事故加害者家族の実態………15
　　⑴　被害・損害状況………15
　　⑵　事故発生からどの位経過しているか………16
　　⑶　加害者との関係（続柄）………17
　　⑷　相談者の居住地………19
　　⑸　相談へのアクセス方法………20
　　⑹　交通事故加害者家族のニーズ………21
　　⑺　事故が家族の生活へ及ぼす影響………24

　3　交通事故加害者の実態………26
　　⑴　被害・損害状況………26
　　⑵　加害者の年齢………27
　　⑶　加害者の就業率………28
　　⑷　ＷＯＨへ相談に至った経緯………29
　　⑸　刑事手続の段階………30
　　⑹　加害者が抱える悩み………31

第2節　交通事故加害者家族へのアプローチ　32

　1　過失犯の家族………32

　2　交通事故加害者家族支援の意義………34
　　⑴　自殺防止の観点から………34
　　⑵　交通事故防止の観点から………34

小括　35

第2章　交通事故加害者家族の心理

はじめに　39

第1節　役割に悩む家族　40

　1　配偶者が起こした事故………40
　　⑴　事例1：遺族対応を引き受けた妻………40
　　⑵　検討：体験の違いから生じる加害者との距離………42

　2　婚約者が起こした事故………45
　　⑴　事例2：加害者への対応に悩む婚約者………45
　　⑵　検討：家族未満の関係における役割の喪失………48

　3　子どもが起こした事故………51
　　⑴　事例3：酒気帯び運転による死亡事故………51
　　⑵　検討：親としての役割は何か………54

　4　家族間で起きた事故………56
　　⑴　事例4：祖父が孫を轢いてしまった悲劇………56
　　⑵　検討：被害者と加害者の間で………58

第2節　被害者対応に悩む家族　62

1　被害者と加害者の逆転………62

(1)　事例5：犯罪被害者から交通事故加害者へ………62
(2)　検討：謝罪に伴う屈辱感………64

2　被害者との関係に悩む加害者家族………64

(1)　事例6：被害者家族からの宗教勧誘（被害者からの申出 ── その1）………64
(2)　事例7：被害者からの交際申込み（被害者からの申出 ── その2）………71
(3)　検討：被害者からの申出をどのように断るか………76

3　被害者との関係修復………79

(1)　事例8：生まれ変わった加害者………79
(2)　検討：受刑中の家族の努力………81

小括　82

第3章　交通事故加害者家族の責任

はじめに　85

第1節　家族の責任とは何か　86

1　運転をさせた家族の責任………86

(1)　事例9：妻の送迎途中に起きた事故………86
(2)　検討：妻は夫の過労運転を助長させたと評価されるか………90

2 未成年の子どもが起こした事故の責任………92

⑴ 事例10：児童が起こした自転車事故（保護者としての責任──その1）………92

⑵ 事例11：自転車に乗ることは当たり前なのか（保護者としての責任──その2）………93

⑶ 事例12：未成年による飲酒運転事故（保護者としての責任──その3）………97

⑷ 検討：家族の監督責任………98

3 持病のある家族が起こした事故の責任………100

⑴ 事例13：持病のある子どもが起こした事故………100

⑵ 検討：同居人である家族の責任………101

4 認知症の家族が起こした事故の責任………103

⑴ 事例14：高齢の親が起こした事故………103

⑵ 検討：家族の監督責任の範囲………104

第2節　加害者家族の償い　105

1 家族としての償い………105

⑴ 事例15：親としての後悔からの償い………105

⑵ 事例16：子どもに代わっての償い………112

⑶ 事例17：償いとしての被災地支援………118

2 償いとは何か………123

⑴ 謝罪と償い………123

⑵ 道義的責任（人としての責任）とは何か………124

⑶ 道義的責任（人としての責任）を果たすということ………126

小括　127

第4章　交通事故加害者家族の支援

はじめに　　131

第1節　交通事故加害者家族支援とは　　131

1　加害者家族支援とは何か………131

2　加害者家族支援の変遷………132

⑴　受動的支援から能動的支援へ………132
⑵　心のケアから人権擁護の視点へ………133

3　交通事故加害者家族支援とは何か………133

⑴　ケアの視点………133
⑵　在宅事件………134

4　支援の流れ………134

⑴　事故発生直後（捜査段階）………135
⑵　起訴から公判まで………136
⑶　判決確定後………136

第2節　具体的支援　　137

1　ホットライン（窓口）………137

2　法的支援………138

⑴　加害者家族と刑事弁護………138
⑵　修復的アプローチの検討………138

3　心理的支援………139

⑴　専門職による支援の必要性………139
⑵　グループアプローチ………140

4 社会的支援………142

⑴ 直接的支援………142
⑵ 間接的支援（社会啓発）………143

第3節　交通事故の予防的観点からの支援　　144

1 事故の検証と家族の問題を見直すことの重要性………144

2 社会的課題………146

⑴ 支援体制の整備………146
⑵ 地方における交通政策………147

おわりに　　149

参考文献・著者略歴・監修者略歴………150

【コラム】
書籍紹介『交通刑務所の朝』──日常に潜むリスク………37
映画紹介『私の、息子』（ルーマニア、2013 年）………83
判例紹介「認知症事故判決」──家族の責任をめぐる判決………128

＊阿部恭子編著・草場裕之監修『加害者家族支援の理論と実践 ── 家族の回復と加害者の更生に向けて』（現代人文社、2015 年）は、本書籍内では『加害者家族支援の理論と実践』と表記する。

第1章　交通事故加害者家族の現状

はじめに

　交通事故「加害者」に関する研究は、刑事責任や損害賠償責任に関する内容が中心であり、事故が与える心理的影響に関する研究は「被害者」を対象とした内容がほとんどである。家族が交通事故を起こした場合、残された家族にはどのような影響が及ぶのか、加害者家族に関する情報はほとんど存在していないのが現状である。

　本章では、NPO法人 World Open Heart（以下、WOH と略す）に寄せられた加害者家族の相談データをもとに、故意犯の家族の状況と比較しながら交通事故加害者家族の傾向を見ていく。

第1節　交通事故加害者家族の実態調査

1　実態調査の目的と方法

(1)　目的

〈加害者家族支援における潜在的なニーズの発掘〉

　図1は、2009年4月から2014年3月までに、WOH が受理した事件の内容を集計したものである（相談者総数412人〔男性121人：女性291人〕）。殺人、性犯罪、詐欺など故意による犯罪が圧倒的に多く、交通事故案件はわずかであった[1]。その理由として、相談者の認識において、事件と事故の相違、また故意犯と過失犯の相違が関係するのでは

ないかという観点から、2014年度三菱財団助成事業として「交通事故加害者家族支援」という枠組みを設け、新たな支援の仕組みの可能性を検討したいと考えた。

　交通事故加害者家族固有のニーズを分析し、故意犯と過失犯では加害者家族に及ぼす影響にどのような違いが見られるのか、さらに、支援においてどのようなアプローチが求められるのかを明らかにすることが本調査の目的である。

図1：事件の内容（罪名）

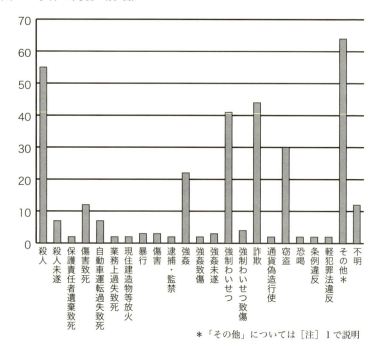

＊「その他」については［注］1で説明

(2) 調査方法

　2008年12月から2015年12月までの期間にWOHが受理した（電話、手紙、面談などによる）交通事故加害者家族102人のデータを分析した。

2 交通事故加害者家族の実態

(1) 被害・損害状況

図2：事故の内容

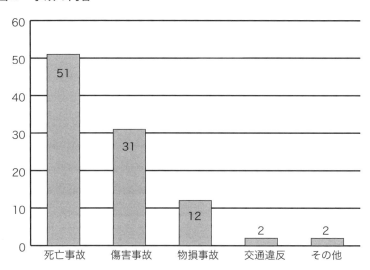

〈重大な結果が生じている事故〉

　被害者・加害者双方が死亡しているケース、同乗者が死亡してしまったケースなど、死亡事故の加害者家族からの相談が圧倒的に多く寄せられた。物損事故については、高齢者ドライバーによる事故が多く、家族として、人身事故への発展を懸念する相談が近年増えている。交通違反は、若年者の無免許運転など子どもの非行の延長線上で起きている行為であり、事故や事件に発展することを懸念している親からの相談である。その他は、事故にまでは至ってはいない交通に関するトラブルなどである。

　交通事故加害者として受理した相談の傾向としては、危険運転致死傷罪に該当する事故はわずかで、前方不注意や信号の見落とし、過労によ

る運転中の居眠りなど、一瞬の気の緩みによって引き起こされた事故がほとんどである。

(2) 事故発生からどの位経過しているか

図3：経過年数

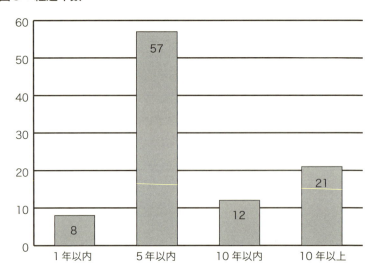

〈事故後の紛争処理が継続しているケース〉

　図3は、相談者がWOHにつながったとき、事故発生からどの位経過しているのかを示したデータである。事故発生から5年以内という相談者が最も多く、公判段階のケースや民事裁判が継続しているケースなど、事故の処理が継続しており、家族の生活が落ち着いていないケースが半数を超えている。一方、事故発生からすでに10年以上経過しているというケースも予想以上に多く寄せられており、事故が加害者家族に与える影響は長期的であることが明らかとなった。

(3) 加害者との関係（続柄）

図4：続柄「交通事故加害者家族」（男性36人：女性66人）

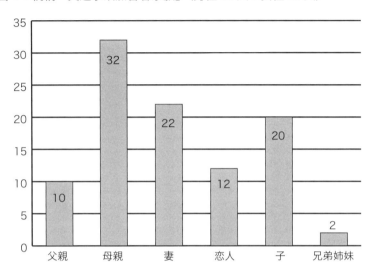

図5：続柄「加害者家族（2014年度）」（男性121人：女性291人）

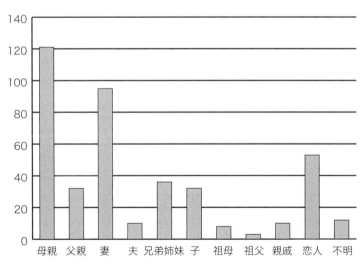

図6：加害者と同居しているか否か「交通事故加害者家族」

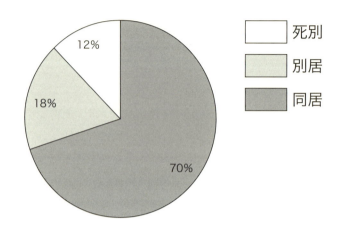

〈加害者との関係が近い家族〉

　交通加害者家族のデータ（**図4**）と 2014 年度の加害者家族全体の相談データ（**図5**）[2]を比較すると、「母」と「妻」という女性からの相談が多い点は共通しているが、交通事故案件においては、親が起こした事故について悩みを抱えている「子」の立場からの相談が多い点が特徴である。「子」の立場は、未成年者はわずかで、ほとんどが高齢者の親を持つ 40 代前後の人々である。

　近年、認知症に罹患した高齢者の運転する車が暴走し、複数の死傷者や重軽傷者が出ている事件が相次いで起きており、高齢化社会の問題の１つとして、免許制度のあり方など社会的議論を呼んでいる。こうした報道をきっかけとして、危機感を持った高齢者ドライバーの家族からの相談が数多く寄せられた。

　相談者の 70％が、加害者と同居している家族であり、故意犯の家族の統計よりも高い同居率である（**図6**）。

(4) 相談者の居住地

図7：地域

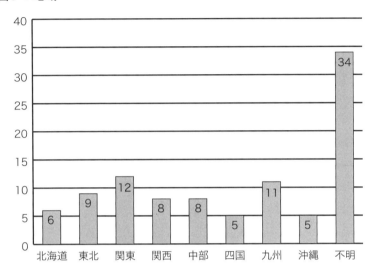

〈公共交通機関の発達していない地域〉

　図7からもわかるように、相談は、ほぼ日本全国から寄せられている。公共交通機関の発達した都市よりも、移動にあたって自動車を必要とする地域からの相談が多い。日常的な交通手段として自動車に頼らざるをえない地域に在住する加害者家族からは、移動手段の喪失による生活への不安や加害者の再就職への不安が相談として寄せられている。

(5) 相談へのアクセス方法

図8：WOHへのアクセス

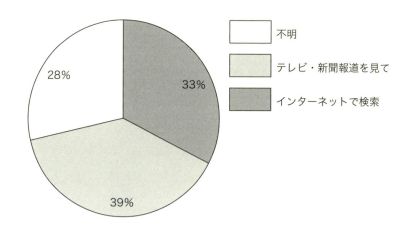

〈報道を通してのアクセス〉

　2014年10月以降、三菱財団助成による交通事故加害者家族支援が始まる旨のプレスリリースや実態調査報告がメディアで取り上げられ、報道を見た交通事故加害者家族からの相談が急激に増えた[3]。

　33％の相談者は、「加害者家族」といったキーワードによるインターネット検索でWOHのホームページに辿り着いている。

⑹　交通事故加害者家族のニーズ

表1：相談の主訴「交通事故加害者家族」

① 被害者への対応について（88％）
② 加害者本人とどのように関わっていけばよいか（85％）
③ 加害者家族としての苦しさを理解してくれる人と話がしたい（76％）
④ 事故再発への不安（75％）
⑤ これからの生活への不安（74％）
⑥ 事件の見通しについて（51％）
⑦ 転居に関する相談（50％）
⑧ 弁護士に関する相談（40％）
⑨ 事件のカミングアウトについて（39％）
⑩ 保険会社との関係について（38％）
⑪ 裁判への協力について（16％）
⑫ 報道の影響について（5％）

表2：相談の主訴「加害者家族（2014年度）」

❶ これから事件がどのように進んでいき、家族はどのように関わればよいのか（88％）
❷ 捜査や裁判への協力について（77％）
❸ 被害者への対応について（76％）
❹ 加害者本人とどのように関わればよいのか（75％）
❺ 学校や職場への対応についての相談（74％）
❻ 弁護士に関する相談（72％）
❼ 報道被害に関する相談（40％）
❽ 事件のカミングアウトについて（39％）
❾ 転居に関する相談（38％）
❿ 秘密を抱えて生きることへの苦痛（38％）
⓫ 経済的支援に関する相談（33％）
⓬ 専門家や団体についての情報を知りたい（16％）

〈交通事故加害者家族のニーズ〉

①　加害者への対応に苦慮する家族

　事故を起こしてしまった家族とどのように関わっていけばよいかという相談が高い数字を示している（**表1**、**表2**）。故意犯の家族の状況と異なる点（**表2❹**）は、故意犯の家族が、加害者との関係を続けていくべきか否か、または、更生のために家族としてすべきことは何かといっ

た将来的な家族関係に悩む一方、過失犯の家族は、死亡事故のケースでは特に、加害者本人の自責の念が強い傾向にあり、自殺企図やうつ病を患うなど、精神が非常に不安定な状態の加害者に、身近にいる家族としてどのように接すればよいかといった時間的に切迫した悩みが中心となっている。交通事故案件では、身体が拘束されないか、早期に釈放されているケースが多く、加害者は家庭におり、家族と物理的距離が近い傾向にある。したがって、事故の衝撃により日常生活が困難な精神状態にある加害者に対して、家族はどのように対応すればよいのか、日常的な加害者への接し方に関して悩む傾向が見られた。

近年、家族の損害賠償責任が争われる裁判が世間の耳目を集めたことから、未成年者の運転、高齢者の運転、持病のある家族の運転に関して、家族の監督責任が法的に問われる可能性から加害者の運転を憂慮する相談が増えている（**表1④**）。

② 移動手段の喪失による生活への不安

さらに切迫した問題として、運転ができない状態での加害者の再就職への不安や日常的な移動手段として自動車が使えない家族生活への不安が語られている（**表1④⑤**）。

故意犯の家族の場合、メディアスクラム（集団的過熱取材）の影響から転居を考えるケースが多いが（**表2❾**）、交通事故案件では、自動車を運転しなくても生活できるような公共交通機関が発達している都市への転居や再就職の選択肢が多い都市への転居を考えている相談が中心である。

③ 保険会社との対立

交通事故案件の特徴として、被害者対応についての保険会社との意見の相違や、保険会社から紹介を受けた代理人との意見の相違などに関する相談が挙げられる（**表1⑩**）。刑事弁護人と保険会社が依頼した代理人との間で、被害者対応等に関する説明や方針が異なっていることに悩

む相談もある。

保険会社にとって契約者はあくまで加害者本人であり、事故の処理に
巻き込まれながらも被害者対応や裁判に関しては蚊帳の外に置かれてい
る状況に、焦燥感に駆られる家族からの訴えもあった。

④　加害者家族を対象とした窓口の必要性

加害者家族であることを前提として、その苦しさを受け止めてもらい
たいという相談（**表1③**）が多く寄せられた背景には、医師やカウンセ
ラーに相談するにあたって、加害者家族は事故のことを伏せている傾向
が多いことが明らかとなった。不眠や体調不良についての説明はできる
が、原因である事故については、担当医師やカウンセラーから否定的な
反応が返ってくることを怖れて、打ち明けるに至らなかった心境が吐露
された。加害者家族に関する情報がいまだに少ない社会において、「加
害者家族支援」を標榜することによって、加害者家族が相談につながる
心理的なハードルを下げ、より早く問題の核心に迫ることが可能になる
と考えられる。

⑤　故意犯の家族との共通点

死亡事故が大半を占めていることから、家族としての被害者対応に関
する相談が最も多く寄せられた（**表1①**）。身内が人を死傷させてしまっ
た責任について、家族は加害者同様に、もしくは加害者以上に強く感じ
ている場合もあり、被害者に対する謝罪や償いを家族の問題として捉え、
具体的な対応に関する助言を求める内容である。事故直後は特に、事故
が起こったという事実への衝撃は強く、故意犯の家族の心境と同じであ
る。

捜査段階において、被疑者の身体は拘束されるのか否か、起訴の可能
性や、民事裁判の時期等、これからケースはどのように展開するのかを
知りたいというニーズは、故意犯のケースと同様である（**表1⑥**、**表2
❶**）。在宅事件として扱われるケースが多い背景から、故意犯の家族の

第1節　交通事故加害者家族の実態調査　　23

ように被疑者と連絡が取れない状況が続き、焦燥感を募らせる家族等からの相談は少ない。

　弁護士に関する相談（**表1⑧**）は、故意犯の家族と比べて少ないが（**表2❻**）、内容はほぼ同様で、交通事故案件を多数扱った経験を有する弁護士に関する情報や、刑事弁護人や代理人である弁護士と家族とのコミュニケーションに関する相談である。

　事故が起きた事実を、親戚や職場の人に話すか否かといったカミングアウトに関する相談も故意犯の家族と同様に寄せられている（**表1⑨**、**表2❽**）。加害者家族であることを公にすることは、過失犯の家族であっても難しい状況にある。子どもに、家族が事故を起した事実や、家族が収監されるという事実を伝える場合、デリケートな問題であることには変わりはなく、子どもの発達段階や各家族間の関係によって、悩みはさまざまである。

　全国的に報道された事故はそれほど多くはなかったが、地元紙の紙面や地元のテレビ局のニュースでは報道されたケースもあり、今後の家族の就職や結婚にあたって、事故の影響を憂慮する相談も寄せられた（**表1⑫**）。

⑺　事故が家族の生活へ及ぼす影響

表3：事故後の生活の変化「交通事故加害者家族」

① 家族関係が悪くなった（90％）
② 外出することが困難になった（88％）
③ 楽しいことや笑うことに罪悪感をおぼえる（85％）
④ うつ病になった（18％）
⑤ 転居をした（12％）
⑥ 失業や転職を余儀なくされる（10％）
⑦ 結婚が破談となった（6％）
⑧ 加害者が自殺した（5％）

表4：加害者家族が直面する困難「加害者家族（2014年度）」

❶	外出が困難になる（心理的危機、95％）
❷	楽しいことや笑うことに罪悪感をおぼえる（心理的危機、94％）
❸	自殺を考える（心理的危機、90％）
❹	人権侵害（誹謗中傷、いじめ、ハラスメントなど）を受ける（社会的危機、51％）
❺	転居を余儀なくされる（社会的危機、40％）
❻	結婚が破談になる（社会的危機、41％）
❼	進学や就職を諦める（社会的危機、39％）
❽	家族関係が悪くなる（社会的危機、38％）
❾	自己破産をした（経済的危機、23％）
❿	生活困窮に陥る（経済的危機、18％）
⓫	失業や転職を余儀なくされる（経済的危機、11％）

〈事故後の対人関係に悩む家族〉

　「外出が困難になる」「楽しいことや笑うことに罪悪感をおぼえる」（**表3②③、表4❶❷**）という心理状況は、故意犯の家族と同様である。必ずしも社会からの批判や差別にさらされる経験が伴わなくとも、家族が犯した罪は家族全体で背負っていかなければならないと考える傾向が強く、事故後、趣味や旅行を中止したり、結婚式を中止にするなど祝事や娯楽を自粛する傾向にある。

　「家族関係が悪くなった」（**表3①**）という変化が最も多く報告されたが、事故によって家族の生活が変化したことによるストレスが大きな原因となっている。失業や休職によって、事故を起こした家族が家庭にいるようになれば、当然、他の家族との距離感も変化するはずである。不安定な精神状態で家庭にいるしかない加害者と後ろめたさから引きこもりがちになる加害者家族の間で良好なコミュニケーションが生まれることはまずない。死亡事故のケースでは、自責の念にさいなまれ日々憔悴していく加害者の状況に家族も巻き込まれていき、家族もうつ病を患ったという報告もあった。

　事故後、加害者本人が自責の念や社会復帰が果たせなかったことを理由として自殺に至ったという報告も何件か寄せられており、残された家族は、事故の責任のみならず、家族の自殺を食い止めることができなかっ

たという二重の自責の念に苦しんでいる。

3　交通事故加害者の実態

図9：事故の内容

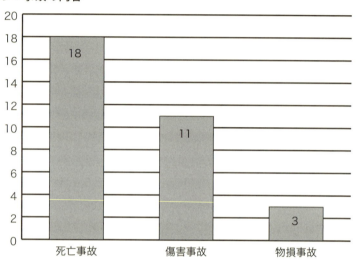

　加害者家族を通してつながった加害者本人からの相談データ（32人）をもとに、加害者家族支援から見えてきた交通事故加害者の実態について検討する。

(1)　被害・損害状況

〈重大な結果が生じているケース〉

　事故の内容では、死亡事故を起こした加害者からの相談が最も多く、人身事故のケースが大半を占めている。自分の行為によって、他人が死亡したという事実に耐えられないと訴える加害者からの相談が非常に多く、危機介入を要する状況にある。その他のケースは、危機的な状況は脱しているが、被害者対応や事故の仕事への影響に悩む加害者からの相

談である。

(2) 加害者の年齢

図 10：加害者の年齢

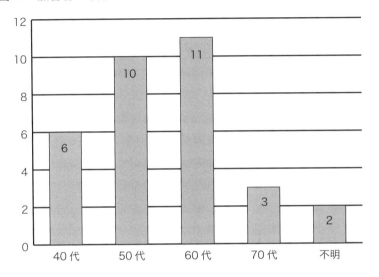

加害者として WOH につながった相談者はすべて男性である。

(3) 加害者の就業率

図11：就業率

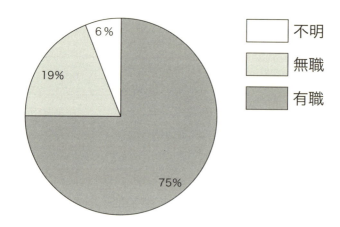

〈家計を支える男性〉
　加害者の大半は、40代以上の有職者であり、家族の生計を支えている人々である（**図11**）。したがって、事故が家族の生活に与える影響が非常に大きいことが予想される。

⑷　WOHへ相談に至った経緯

図 12：相談に至った経緯

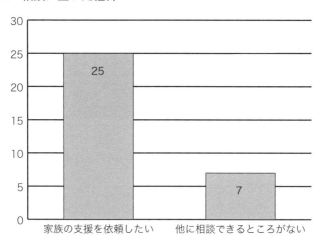

〈**家族を通しての相談**〉

　家族からの紹介でつながったケースがほとんどである。家族は、加害者本人の回復を目的として WOH にケアを希望しており、加害者本人は、事故が家族に与える影響についての不安を相談することを目的としてつながっている。

　加害者本人が自らの意志で相談につながったケースは、「加害者」であることをオープンにして相談できる窓口を探していた人々である。加害者本人の場合も加害者家族同様に、医療機関やカウンセリングに掛かりながらも、事故を起こしたという事実を伏せて受診している人々が多い。

　「加害者」という立場を強く意識するあまり、援助を受けることを自粛している傾向がみられる。

(5) 刑事手続の段階

図13：刑事手続の段階

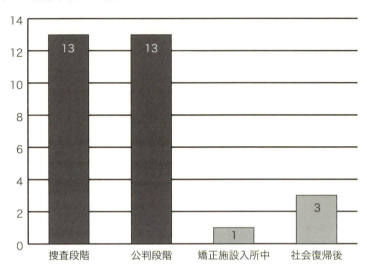

〈**判決確定までのニーズ**〉

　捜査段階は、重大な結果が生じている場合はなおのこと、現実を受け止めることができず、ほとんどの相談者が「死にたい」と訴えていた。同居している家族もまた、加害者の様子を見ていて自殺してしまうのではないかといった危機感を募らせる時期である。

　起訴後は、判決が会社の処分などに関わってくることから、精神的なバランスを取り戻しつつあった相談者でも、公判が近づくにつれて再び情緒不安定になる傾向がある。

　社会復帰後は、執行猶予付き判決を得ることができても、再就職先が見つからないケースや転職が上手くいかない状況に悩む相談が寄せられた。

⑹ 加害者が抱える悩み

表5 語られた悩み

① 被害者に申しわけなくて生きていることが辛い（78％）
② 事件で迷惑をかけてしまった家族に申しわけない（69％）
③ 事故後、家族との関係が悪くなった（47％）
④ 失業・再就職への不安（34％）
⑤ 事故後、仕事に集中することができなくなった（16％）
⑥ 判決への不安（3％）

〈罪悪感と将来への不安にさいなまれる加害者〉

　人命を奪う結果となってしまった事故では、事故を起こしてしまったことへの後悔の念、加害者でありながらも生きていることへの罪悪感や罪を背負って生きる苦しさ、被害者や家族に対する深い自責の念が語られている。

　事故直後の加害者の多くは、自殺願望を口にしており、具体的な解決策を求めている状況ではなく、現実がまだ受け入れられない状況のなかで混乱した感情が表出されている。時間の経過とともに事実を受け入れ、危機的な精神状況から脱した後は、家族との関係や仕事の悩みといった新たな生活への不安にさいなまれる傾向にある。

第2節　交通事故加害者家族へのアプローチ

1　過失犯の家族

　WOH では、これまでの相談事例の蓄積から、支援の対象者である加害者家族を、「自ら犯罪や不法行為を行った行為者ではないが、行為者と親族または親密な関係にあったという事実から、行為者同様に非難や差別に晒されている人々」と定義するに至った[4]。**図1** が示すように、これまで WOH が受理してきたケースは、「その他」に含まれている民事的な不法行為から殺人事件までさまざまである。したがって、「加害者家族」とは、加害者側に属している事実から、一般的な支援につながりにくい状況にある人々の総称として、加害者家族支援の実践実務において適した言葉となった[5]。

　現在では、WOH の活動紹介として「加害者家族支援」と表記するようになったが、2012 年頃までは「犯罪加害者家族支援」と表記していた。団体設立当初に想定していたケースの中心は、過失事案よりも、殺人事件や性犯罪など故意事案であった。加害者家族支援が果たすべき役割は、過熱する犯罪報道を発端とした社会的制裁から加害者家族を保護することであり、過失犯の家族が社会的制裁を受けるという事態は想定していなかったからである。危険運転致死傷罪が適用されるような事故は、社会的に故意による犯罪と同視されており、加害者家族の状況は故意犯の家族が置かれる状況に等しいと考えられ、あえて「交通事故加害者家族」というカテゴリーの必要性を考えてはこなかった。

　本調査で明らかとなったことは、家族が事故を起こしたという事実に対して、加害者家族として社会からとがめられるような経験がなくとも、家族が人の命を奪う結果を招いてしまったという事実は、加害者本人だけではなく、家族全体に重くのしかかっているということである。死亡

事故を起こした加害者は、被害者から、「人殺し」「殺された」と表現されることもあり、過失による事故であったとしても、加害者およびその家族の自責の念は軽いわけではない。交通事故案件であっても、加害者家族であることを公にすることははばかられることから、過失犯の家族もまた故意犯の家族同様に社会的に孤立していく傾向にある。

　過失犯の家族も、支援が必要な状況にあることをこれまで述べてきたが、交通事故加害者家族を考えるうえで、加害者が過失犯であるという事実をどのように考えるべきか。刑法上の概念や社会的評価から導くのではなく、加害者家族の主観的認識から考えてみたい。

　交通事故加害者家族は、加害者家族という状況に置かれるに至った背景が「事件」によるものなのか「事故」によるものなのか、その違いに敏感である。交通事故加害者やその家族に対して、社会は、故意犯のケースに比べれば、比較的同情を示す。故意犯の家族が、加害者と親族であるという事実だけを理由に否応なしに事件に巻き込まれ、WOHに駆け込んでくる状況に比べると、交通事故加害者家族は社会的制裁からの避難ではなく、加害者や他の家族を支えたい、または、事故によって傷ついた自分を回復したいといった主体的な意志によって支援につながっている。交通事故加害者家族から感じられる最も強い感情は「無念」の思いである。家族関係が良好で、加害者となった家族への信頼が厚い場合はなおさらのこと、事故を起こした後の社会的評価と家族として長年見てきた人間としての評価のギャップに家族として心を痛めている。また、事故によってこれまでの生活が続けられなくなってしまった失望や苛立ちを、故意で犯したわけではない事故の加害者にぶつけることはできずに、家族のなかに沈殿していく行き場のない怒りを抱えている。過失によって起きた事故であるという事実は、支援を希望する加害者家族にとって、軽視されたくはない重要な要素であることは間違いない。

　過失事案は交通事故以外にも存在するが、交通事故は日常的に起きており、特殊類型として取り扱うだけの件数があること、犯罪とは無縁な生活を送っていた人が突然加害者となること、賠償保険制度が普及して

いること等の特徴があり、個別のカテゴリーを設けることによって、対象者を明確にし、加害者家族支援の充実化につながることが期待される。

2　交通事故加害者家族支援の意義

(1)　自殺防止の観点から

　重大犯罪の加害者家族が、自責の念から自殺に至るケースがたびたび報告されていたが、交通事故の加害者側からも自殺者が出ていると同時に、自殺の危機にある相談が多数寄せられている。相談者の5％が「加害者本人が自殺した」と報告している。

　事故後、事故を起した自責の念からうつ病を患い、1年後に自殺をしたというケースや、事故による失業によって転職を繰り返したが、社会に上手く馴染むことができず、数年後に自殺に至ったというケースなど、いずれも「加害者」という立場に立たされた後悔と自責感に加えて、失業や転職といった事故後の社会復帰の失敗が原因と考えられる。

　鈴木伸元著『加害者家族』（幻冬舎、2010年）のなかでは、ひき逃げ事件の加害者とその家族が自責の念から心中を図った事例が紹介されている[6]。家庭のなかで自殺したケースも多く、残された家族の心に長期にわたって深い傷を残している。

　交通事故加害者家族支援は、加害者本人も含め、加害者家族のなかから自殺者を出さないための危機介入が最大の課題である。

(2)　交通事故防止の観点から

　過去に交通事故を起こしているにもかかわらず、未成年者にバイクや自動車を買い与え続けたり、就寝間際の時間帯に車での送迎を頼むなど、家族と加害者の関係が事故につながったと考えられるケースも見受けら

34　第1章　交通事故加害者家族の現状

れる。こうしたケースにおいては、事故の再発防止にあたって、家族と加害者との関わり方や家族としての生活を見直すことが必要となる。

　事故後、公共交通機関の発達した都市への転居や、移動の際の家族の協力など加害者が更生できる環境を整えることは、事故防止のために非常に重要であり、家族の生活全体に関わってくる問題でもある。事故が起きてしまった後、加害者本人だけではなく、家族にもアプローチすることは、事故の再発防止に大きな役割を果たすと考えられる。

小括

　WOH は、加害者家族支援の枠組みや支援内容を当事者のニーズから構成してきた。故意犯の家族を中心として発展してきた日本の加害者家族支援において、過失犯の家族である交通事故加害者家族の現状が徐々に明らかとなり、今後さらなるニーズの増加が予想される。本書で扱う交通事故はすべて個人対個人による事故であるが、今後、鉄道やバス、航空事故など大規模な事故の案件も増えていくであろう。今後、大規模で複雑な案件にも対応すべく、さらなる潜在的なニーズ発掘のための実態調査を続けていくことを課題としたい。

［注］

1 「その他」とは、いじめやハラスメントなど民事事件で処理されるケースや、任意捜査段階にある事件などが含まれる。

2 NPO 法人 World Open Heart「2014 年度加害者家族実態調査報告」（2015 年）掲載。

3 日本経済新聞 2015 年 11 月 27 日朝刊など。

4 阿部恭子「加害者家族の現状と支援に向けて」『加害者家族支援の理論と実践』11 ～ 24 頁。

5 「加害者家族」は、現 NHK チーフプロデューサーの鈴木伸元氏の著書『加害者家族』（幻冬舎新書、2010 年）から生まれた言葉であり、現在、メディアでも多用されている。

6 鈴木伸元『加害者家族』（幻冬舎、2010 年）101 ～ 108 頁。

書籍紹介『交通刑務所の朝』──日常に潜むリスク

川本浩司『交通刑務所の朝』（恒友出版、1989 年）
川本浩司・橋本和雄『交通刑務所の朝Ⅱ──"まさか"の悲劇が…
誰もが当事者になり得る現実』（ごま書房新社、2014 年）

　さまざまな事件・事故の加害者や犯罪に至る背景を見てきた筆
者が日々実感していることは、「加害者」や「犯罪者」と呼ばれる人々
は決して特殊な人々ではなく、潜在的に誰しも経験しうるリスク
を有している。つまり、「刑務所」もまた、日常からそう遠くない
ところに存在しているということである。身内による事件・事故
が家族に与える衝撃は、日常を破壊するほどに甚大である。事故
の知らせを受けるまで当たり前に続いていた日常は、その瞬間か
ら崩れ去る。
　『交通刑務所の朝』は、「自分がまさか刑務所に……」という視
点から、交通刑務所に服役した体験をもとに、多くの人の当事者
性を喚起するために書かれたノンフィクションである。著者の川
本氏は、交通違反を繰り返しており、執行猶予中の運転によって、
道路交通法違反で逮捕され、懲役３カ月の実刑判決を受けた。
　川本氏は、開放処遇と呼ばれる一般の刑務所より受刑者の自由
度が高い「交通刑務所」に収監されるが、刑務所であることに違
いはなく、厳しい規則によって管理される交通刑務所の実態が詳
細に描かれている手記である。「自分だけは捕まらないだろう」と
いう都合のよい考えに対する報いとして下された罰は、自分自身
のみならず家族にまで及ぶのである。道路交通法違反で逮捕され
た本件の直接的被害者は、「加害者家族」ではないだろうか。
　本書では、川本氏の家族の生活にも焦点が当てられており、受
刑者の家族の体験が綴られている数少ない作品である。服役によ

る夫の不在を、子どもたちや周囲には「海外出張」とうそをつかなければならない妻の葛藤や後ろめたさ、自分の子どもが刑務所に入るという母としての屈辱と苦悩など、家族それぞれが加害者家族としての異なる悩みを抱えているのである。

『交通刑務所の朝Ⅱ』では、交通刑務所内の生活に加えて、受刑生活を終えた川本氏の社会復帰後の様子が記されている。誰も服役した事実を知らない職場で、秘密を抱えて働く緊張感や、過去をばねとして人一倍努力する姿など、加害者が社会復帰を考えるうえで非常に参考となる体験である。さらに本書の後半では、交通事故被害者への取材記録から、被害者を中心とした加害者およびその家族に対する感情や交流を通しての感情の変化が描かれており、加害者やその家族が「償い」を考えるうえで貴重な資料といえる。

車の運転という日常に潜んでいる事故のリスクについて、「加害者」という体験から現実に迫る書籍である。

第2章　交通事故加害者家族の心理

はじめに

　前章で紹介した実態調査では、交通事故加害者家族の 90% が事故後、「家族関係が悪くなった」と報告している。自宅への嫌がらせやインターネット上での誹謗中傷など、見ず知らずの人々から受ける社会的制裁に苦しむ故意犯の家族に比べて、過失犯である交通事故加害者家族が抱える悩みの中心は、身近な人間関係の崩壊や混乱である。

　これまで報道を通して私たちに伝えられてきた事実はほとんどが、加害者または被害者が中心ではないだろうか。本章では、事件発生直後から判決確定後まで、事故は家族の生活にどのような影響を与えていくのか、一連の流れに沿って、加害者家族を取り巻く人間関係の変化についてみていく。

　第1節では、加害者との関係性を軸として、役割に悩む加害者家族の心境を中心に紛争処理の過程で変化していく家族関係について検討する。それぞれの家族の立場から、加害者に対して受容的であるべきか、もしくは懲罰的でなければならないのかといった、家族としての社会的役割を模索する姿や、自明であったはずの家族の将来が失われていくなかで、自らの未来を再構築していく加害者家族の物語を紹介する。

　第2節では、被害者との関係を軸として、被害者への対応に悩む加害者家族に焦点を当てる。事故もまた出会いの1つであり、被害者・加害者として出会った人々の間に、友情や愛情が生まれることもある。事故後の交流のなかで変化していく被害者家族と加害者家族、被害者と加害者の物語を紹介する。

　本章で紹介する事例はすべて、事実をもとにしたフィクションであり、WOH 以外の個人や団体等は実在しない。

はじめに　　39

第1節　役割に悩む家族

1　配偶者が起こした事故

⑴　事例1：遺族対応を引き受けた妻

〈**事故概要**〉

　相沢洋子さん（36歳）の夫、俊彦さん（38歳）は、仕事から自宅に帰る途中に、会社の近くの道路で赤信号を無視して交差点に進入し、オートバイに乗っていた30代の男性をはねて死亡させてしまった。

〈**事故直後**〉

　警察から事故の知らせを受けた洋子さんは、すぐに警察署に向かった。俊彦さんに怪我はなく、しばらく警察署に身体を拘束されることになるという。警察から、告別式や葬儀にできるだけ出席してほしいという遺族の意向を伝えられた。

　洋子さんは、義姉と一緒に、告別式と葬儀に出席することにした。告別式の会場には、突然の出来事にもかかわらず予想より多くの人々が参列していた。洋子さんと同世代ではないかと思われる被害者の妻、そして、そのそばには、不安な表情でウロウロしている4、5歳の男の子がいた。告別式では、被害者の親族や同僚と思われる人の多くが、急な悲報に涙を流し、会場には嗚咽が響き渡っていた。

　洋子さんが激しい衝撃を受けた瞬間は、被害者の遺体と対面したときである。棺の中には、まだ若い男性のまるで眠っているかのような姿があった。夫の車が、この男性の命を奪ったのかと思うと、急におそろしくなり、体中の震えが止まらなくなった。遺体の表情は、脳裏に焼きついて、しばらく離れることはなかった。それ以来、ふとした瞬間に、被

40　第2章　交通事故加害者家族の心理

害者が棺に眠る姿が何度も何度も思い出され、そのたびに胸が締めつけられる思いだった。

　厳しい言葉をぶつけられることは覚悟していたが、遺族の対応は終始、冷静で穏やかであった。義姉は、葬儀の帰り道、オートバイを運転していた被害者もスピードが出ていた可能性があり、弟が100％悪いわけではないと不満をこぼした。遺族に対する思いは一切口にすることなく弟が可哀想だと何度もつぶやいていた。そして、弟も事故を起してしまい傷ついているはずであるから、家庭に戻ってきたときには、きちんと弟をケアしてほしいと洋子さんに頼んだ。洋子さんは、一緒に葬儀に出席した義姉との感情の違いに愕然としてしまった。

　洋子さんは、俊彦さんが釈放された後、一緒に遺族宅に謝罪に行くことにした。俊彦さんは遺族の方々を目の前にして、ずっと涙を流し、ひたすら謝り続けていた。その後、月命日には２人で謝罪にうかがうことを約束した。被害者の母親は、お茶を出してくれたり、体調を気遣う言葉をかけてくれたりと、恐縮してしまうほどに丁寧に接してくれた。そして、息子には、オートバイは危ないから乗らないようにと昔から言い続けてきたという無念の思いをたびたび口にしていた。洋子さんは、遺族から夫の責任を軽くするような言葉を聞くたびに、申しわけない気持ちになった。遺族宅を訪問した日の夜は、いろいろな思いが頭を駆け巡り、なかなか眠りにつくことはできなかった。隣で眠りに落ちている俊彦さんの姿を見て、罪の意識はないのかと苛立つこともあった。

〈起訴後〉

　そして、公判期日が決定した頃、事件に対する夫との感情の差が明らかとなってきた。俊彦さんは、一般的に、バイクを運転する人のマナーが悪いとか、危険であるといった発言が増えて、さらには被害者の落ち度を指摘するような発言までするようになった。洋子さんは、月命日に遺族宅で謝罪している姿と矛盾するのではないかと、そうした夫の言動に違和感を覚えた。

第１節　役割に悩む家族　　41

洋子さんは、刑事弁護人から、情状証人としての出廷を求められたが、夫の側に立って証言することができるのかどうか、正直なところ自信がなかった。いつの間にか、被害者への対応や刑事裁判に向けた準備のなかで、夫と歩調を合わせていくことが難しくなっていた。

俊彦さんの両親や兄弟は、完全に俊彦さんを擁護しており、洋子さんは妻として、夫へのサポートが不十分であるととがめられることもあった。次第に、洋子さんは、親族のなかで孤立していった。一緒に遺族宅に行き、謝罪をしている俊彦さんは、遺族の悲しみを本当に理解できているのか、深い疑いを抱くようになった。洋子さんは自ら命を絶ち、夫に、家族を失った人の悲しみを理解させたい、とさえ思うことがあった。

洋子さんは、消えることのない加害者家族としての罪責感に、今もなおさいなまれている。

⑵　検討：体験の違いから生じる加害者との距離

事故を起こした加害者本人と、事故の影響を受ける加害者家族は、多くの場合、事故後に双方が体験することは異なり、事故の評価や被害者に対する感情の差が生じることは、両者の間でしばしば起こることである。

逮捕・勾留された被疑者は、社会の情報から一時、断絶されることになる。一方で、社会にいる家族は、被害者と直接接触することも物理的に可能であり、事故に関する報道や周囲からの評価も否応なしに耳にすることから、周囲の反応に敏感にならざるをえない。

さらに、被害者と接する機会が多い加害者家族は、被害者に感情移入し、ときには加害者への処罰感情が愛情や同情心を上回ることもある。その感情は、決して固定するわけではなく、被害者に傾いたり、加害者に傾いたりと、関わりの密度によって変化を見せている。

1つの家族のなかでも、加害者との関係性や事故への関与度、個人の価値観によっても事故の評価や被害者への感情は異なり、こうした認識

や感情の差異から家族間においていさかいが生じることも十分ありうることである。

①　責任の所在

事例1において、俊彦さんが起こした事故は、「信号無視」と判断されたが、俊彦さんの認識としては黄色信号であったこと、オートバイとぶつかったときの衝撃から、オートバイのスピードがかなり出ていたということを刑事裁判では主張したいと考えていた。

洋子さんは事故直後から、家族の代表として告別式や葬儀に出席し、謝罪にうかがう旨の連絡を遺族と取り合うなど、遺族側との窓口を引き受けていた。夫は幸い怪我ひとつなく警察署に拘束されていたことから、事故直後の混乱している時期を夫の代わりに遺族とともに過ごすことになった。被害者の妻が出かけなければならないときに、被害者の子どもを預かるなど、突然の出来事で、遺族だけではなかなか手が回らないところを洋子さんが手伝うこともあった。こうした遺族との交流から、夫の行為によって人が亡くなったという事実に責任を感じ、自分の家族が生きていることに罪悪感を抱くようになっていった。それゆえ、遺族感情を考えるあまりに、事故の検証について、夫の意見に耳を傾けることができなくなっていた。洋子さんは、最も辛い状況にあるのは大切な人を失っている被害者遺族であると考えるようになった。自分は人としてより苦しい立場にある人々の力になるべきであり、100％夫の立場に立つことは正義に反するのではないかという迷いが生じていた。加害者本人もその家族も、自責の念から事故の検証に目をつむり、全面的に謝罪をすることが正義にかなうと考える傾向がみられる。しかし、事故が起きた原因を考えずに謝罪で終らせてしまうことは重大な問題を見逃してしまう可能性もあることに注意しなければならない。罪責感と刑事責任は分けて考える必要がある。

事故の影響は家族にも及ぶことから、紛争処理の過程において、家族が謝罪や裁判への協力などさまざまな役割を担うこともある。しかし、

第1節　役割に悩む家族　43

本来、事件の責任を引き受けるべきはあくまで加害者本人であり、裁判は、あくまで被告人のための裁判であることを念頭に置かなくてはならない。家族が証人として協力するか否かは、家族の判断に委ねられるべき問題であり、弁護人と協議のうえで引き受けるか、どのような証言をするのか検討してほしい[1]。

② 将来的な被害者との関係
　洋子さんは、加害者側であるにもかかわらず、丁寧に対応してくれる遺族に対して、申しわけなさを感じると同時に、逆の立場であれば自分は同じように振る舞えるかと思うと尊敬の念さえ抱くようになった。一方で、夫の血縁に対しては、遺族の心情に思いを馳せるようなことはなく、ひたすら自分の身内を擁護するだけの姿勢に疑問を感じるようになっていた。
　洋子さんは、事故直後から、被害者への対応について、夫の代わりまたは家族の代表として対応してきた。しかし、遺族との交流のなかで、事故に関わった個人として遺族に共感する部分が大きくなるにつれて、夫やその家族との間に距離ができ、遺族に申しわけないという罪責感と家族である夫を支えなければならないという義務感の間で葛藤が生じていた。
　月命日の謝罪やお墓参りといった贖罪行為を続けることは、洋子さんのなかにある加害者家族としての罪責感を緩和することにつながっていた。遺族との関係について、遺族側が洋子さんを受け入れてくれるならば、家族の代表としてではなく、あくまで個人として謝罪や償いを続けていくという選択肢もあるはずである。

44　第2章　交通事故加害者家族の心理

2 婚約者が起こした事故

(1) 事例2：加害者への対応に悩む婚約者

〈事故概要〉

　伊藤裕子さん（28歳）の婚約者である浅野雄介さん（30歳）は、早朝、車で出勤していたところ、交差点で信号を見落とし、自転車に乗っていた60代の男性をはねて死亡させてしまった。2人は、半年後に結婚式を控えていた。

〈事故直後〉

　事故の翌日、伊藤さんが警察署に面会に行ったとき、アクリル板の向こうに見えたのは、まるで人が変わってしまったかのような、精気のない表情をした浅野さんの姿だった。浅野さんは、面会時間の15分程度、一度も伊藤さんと目を合わせることなく、ただ下を向いて「ごめん……ごめん……」と言って涙を流すだけだった。伊藤さんは、一体なんと声をかけてよいものかさえわからない状況だった。

　これから結婚式をどうするのか、また購入予定の新居の契約についてなど、伊藤さんは浅野さんと相談して決断しなければならないことが多々あった。しかし、浅野さんは釈放後も実家に引きこもったまま、話し合いができるような精神状態ではなかった。

　浅野さんの弁護人は、実刑判決を受ける可能性も十分あると説明していた。浅野さんが勤務している会社からは、判決が確定するまでは、休職扱いで対応するという連絡を受けていた。

　浅野さんは、釈放後すぐに、兄と一緒に遺族宅に謝罪に行った。亡くなられた被害者の子どもたちは、感情を表に出すこともなく、彼らを丁寧に迎え入れてくれたが、被害者の妻の怒りと悲しみは凄まじく、かなり厳しい言葉をぶつけられていた。

第1節　役割に悩む家族　45

浅野さんの両親は、伊藤さんと家族に対して、事件に巻き込んでしまったお詫びと、結婚については白紙に戻してほしい旨を告げた。伊藤さんの将来を思っての提案だったとは思うが、伊藤さんは結婚式や新居の購入はキャンセルするにしても、浅野さんとの関係についてはあくまで本人ときちんと話し合ったうえで答えを出したいと伝えた。

　浅野さんは、今は自分の将来について考える余裕はなく、事故の処理が落ち着いたら連絡すると伊藤さんに告げていた。それまでは、伊藤さんとは連絡を取りたくないような雰囲気だった。

　浅野さんは責任感が強く、人に迷惑をかけることだけは許せない性格だったことから、自分が起こしてしまった事故に対して、自分の行為が許せずに苦しんでいるのではないかと思われた。そのような彼に対して、自分は婚約者として何をしてあげればよいのかわからなかった。被害者への謝罪や裁判の準備など、事故に関する処理を担うのは浅野さんの両親や兄弟であり、伊藤さんには事故に関する情報が伝えられなかった。婚約者である自分を巻き込みたくないという思いなのか、それとも自分は信頼されていないのか、浅野さんがいま何を考えているのか、伊藤さんは理解することができずにもどかしい思いをしていた。

　浅野さんが少しずつ現実を受け入れ、日常生活を取り戻していく一方で、伊藤さんは将来への不安から精神的に不安定となり、体調を崩し、会社を休みがちになっていた。

〈起訴後〉

　事故から数カ月後、伊藤さんと浅野さんは、自然と恋人同士の関係を取り戻していった。それでも浅野さんは、事故の話題が出たときは神経質になり、突然機嫌が悪くなったり怒り出したりするなど、以前には見られなかった態度に伊藤さんが戸惑うことも増えていた。

　公判期日が決定してからは、さらに情緒が不安定になり、被害者や弁護人から電話があった後は必ずふさぎ込むようになった。普通に話をしていても、急に表情が曇り、しばらく沈黙が続くことが増えていた。と

きには気晴らしも必要ではないかと、贅沢はしないまでも、日帰り旅行
などの提案をしたときは、「無神経だ」とひどく怒られてしまった。伊
藤さんが知る限り、浅野さんは穏やかな性格で、これまで怒るような場
面はほとんど見たことがなかった。事故後、まるで人が変わってしまっ
たかのような彼の言動に、ついていけないと思うことがたびたびあった。
もしかしたら、彼を不安定にさせているのは事故のせいではなく、無神
経な自分が原因なのではないかと、徐々に自分を責めるようになって
いった。

〈公判 1 週間前〉

　浅野さんは、実刑判決が下った場合は、婚約を解消しようと伊藤さん
に提案した。しかし、伊藤さんは、たとえ実刑判決が下っても浅野さん
と一緒にいたいと伝えた。この時期から、伊藤さんは自分も浅野さんの
家族として、被害者への謝罪や償いなど、できることについては積極的
に関わっていこうと決意した。

　そして、月命日の遺族宅への謝罪に、家族として同行することにした。
被害者の妻である石田やすよさん（67 歳）は、事故直後は、夫を失っ
た悲しみのあまり、取り乱すことも多く、浅野さんに対してはとても厳
しい態度で接していた。しかし、浅野さんが、謝罪を続けるなかで、徐々
に対応は穏やかになってきていた。

　ところがこの日、婚約者である伊藤さんが同行したことに対して、や
すよさんは不快感をあらわにした。自分は配偶者を失って毎日悲しい思
いをしているというのに、婚約者を連れてくるというのは非常識だと浅
野さんを責め立てた。やすよさんは、しばらく怒りが収まらず、定年
後、主人と旅行がしたいといろいろな計画を立てていたことなどを思い
出し、2 人の前で泣き崩れていた。

　この日の遺族の反応に対して、2 人は大きなショックを受けてしまっ
た。帰り際、やすよさんは、2 人に二度と家には来ないでほしいと言っ
た。さらに、弁護人のもとには、やすよさんから成立していた示談を白

第 1 節　役割に悩む家族　　47

紙にしたいという抗議の電話が来たという。

　2人で謝罪に行くことは、2人で決めたことであり、浅野さんが伊藤さんを責めるようなことはなかったが、この事件は2人の将来に大きな影響を与えることになった。この件に関して伊藤さんは、浅野さんの両親から「同行するかどうか、行く前に相談してほしかった」と責められ、さらにひどく傷ついてしまった。伊藤さんは、自分の存在が被害者感情を逆撫でする結果を招いたことから、判決に影響が及ぶのではないかと心配し、判決までの間、不眠や食欲不振に苦しんだ。

〈判決確定後〉

　浅野さんは執行猶予付き判決を得ることができたが、その後、伊藤さんは、病院でうつ病と診断され、数カ月間会社を休職することとなった。伊藤さんはこれまでのストレスから精神的に衰弱し、浅野さんもまた、職場の配置転換により、余裕のない毎日を過ごさなければならなくなってしまい、事故から1年後に2人の関係は破綻した。

　伊藤さんの心の傷は深く、事故から数年間は生理不順や摂食障害に悩まされた。仕事も転職し、新しい土地でスタートを切るようになり、ようやく回復の兆しが見えてきたという。

⑵　検討：家族未満の関係における役割の喪失

①　婚約者という立場

　結婚を目前に控えた状況でパートナーが大きな事故を起こしてしまったという相談も何件か寄せられている。事故を起こしてしまった加害者と家族は、しばらくは喪中のような生活を送り、祝事などを避ける傾向にある。被害者やその家族の状況を考えれば当然のことといえるかもしれないが、結婚式の延期や中止にあたっては費用の問題や、事故の周囲への告知をどのようにするかなど、親族間で争いが生じる場合もある大きな問題である。

48　第2章　交通事故加害者家族の心理

加害者との関係性において、「家族」と法律上の関係にはない「恋人」の置かれる立場を比較した場合、社会から事件や事故の責任をより厳しく問われる可能性が高いのは家族である。事件や事故が起きた時期に、事実上、加害者と家族との交流がまったくなかったとしても、血縁であることを理由に報道陣は家族に取材をするのである。「恋人」や「パートナー」といった関係では、内縁関係や同居の有無など、事件・事故当時の加害者との関係の密度によって影響は異なっている。示談への経済的協力や情状証人、仮釈放にあたっての身元引受人などの要請に関して、多くの家族は道義的責任から拒否することが難しい状況にあることに比べると、恋人関係の場合は、拒否するか否かについて本人の選択の余地が家族よりは大きい傾向にある。事件・事故後の加害者との関係でも、社会的責任を意識する家族が加害行為の責任を引き受け、自動的に加害者の支え手となっていく状況に比べて、恋人関係の場合は、加害者への愛情や同情心といった、加害者に対しての感情を中心に関係を維持するか距離を取るかといった決断がなされている。加害者の恋人のなかには、家族であれば卑屈になりがちな弁護人や支援者に対して、対等な立場で意見を主張し、加害者の支え手として主体的に行動している姿も見受けられる。

　婚約者という立場は、各カップルの関係性や親族間の親密度によっても違いはあるが、恋人よりは一歩進んだ家族に近い関係といえる。婚約者が起こした事故にどのように関わっていくか、自らの役割を考えるにあたっては、将来、加害者と生活をともにしていくか否かの決断が求められる。結婚をすべきか否か、その決断に悩むケースも少なくない。

②　加害者家族の体験から得られた気づき

　伊藤さんは、浅野さんと別れて数年が経過した頃、「加害者家族」に関する新聞記事を読み、「加害者家族の集い」に参加をしたいとWOHに連絡した。婚約者が起こした事故は、心のどこかで長年わだかまっていた問題であり、加害者家族の体験を聞くことで何かが変わるかもしれ

ないというかすかな期待を抱いたという。

伊藤さんは「加害者家族の集い」に参加して、加害者の配偶者という立場にある参加者の体験から大きな気づきを得ていた。当時を振り返ると、事故の後は、いつも腫れ物に触るように婚約者に接していた。伊藤さんと浅野さんの家族とは関係がまだ浅く、浅野さんの両親はできるだけ伊藤さんに迷惑をかけたくないという思いから、紛争処理についてはすべて浅野さんの家族が担っていた。浅野さん本人もまた、伊藤さんより肉親の方が、事件に関することを頼みやすいと感じていたようである。伊藤さんと浅野さんとの間では、まだパートナーとしての関係が安定していないなかで起きた事故であり、伊藤さんは、自分の役割をみつけることができずにいた。加害者家族の話を聞いて感じたことは、当時は、加害者家族として生きていく覚悟、つまり、本人を支えていく覚悟ができていなかったということである。

伊藤さんは、浅野さんとの関係について、事故を起こしたことを理由に去っていくことは、人としてあまりに冷たいのではないかという気持ちもあり、引くに引けない、進むに進めないような心境だった。浅野さんの罪が過失による事故ではなく、故意による犯罪であったならば、すぐに別れる決断もできただろうと思うこともあった。

浅野さんは、事故の責任をどう取るかということしか考えられず、伊藤さんとの関係を今後どうしていくのかという問題は常に後回しになっており、2人できちんと話し合う時間を持つことができなかった。浅野さんは、事故後は、神経質な性格に変わってしまったように感じたが、1カ月、2カ月と時間が経過するごとに、以前のような笑顔も見られるようになり、伊藤さんは心のどこかで、事故の前の浅野さんに戻ってくれることを期待するようになった。しかし、一時は精神的な落ち着きを取り戻したように見えても、裁判や会社への対応など、さまざまな困難が現実となるたびに、浅野さんは不安定な状態に戻り、事故の前のような日々が戻ってくるという期待は何度も裏切られた。

亡くなった被害者を忘れないために、何年も加害者と一緒に謝罪を続

けている加害者家族の体験を聞き、加害者やその家族は、事故を忘れることはできないのだという事実を知ることができた。それは、婚約者であった浅野さんは、時間が経過しても事故の前に戻る日は来ないという事実を受け入れた瞬間だった。伊藤さんは、自分のなかでようやく別れを受け入れることができた。

3　子どもが起こした事故

⑴　事例3：酒気帯び運転による死亡事故

〈事故概要〉

　アルバイトをしながら就職活動をしていた遠藤博之さん（22歳）は、知人の経営する会社から誘いを受け、内定が決まった日に、友人たちと内定を祝いお酒を飲んでいた。その日は、友人宅に宿泊する予定で、車も友人宅の駐車場に停めていた。居酒屋を2軒回り、友人宅でも午前2時過ぎまでお酒を飲んでいた。床に就いたのは午前3時頃である。翌朝、午前7時過ぎに目が覚め、車で自宅に帰る途中、眠気が襲ってきたと思った瞬間、車は何かに激突し、そのまま意識を失っていた。完全に意識が戻ったときは、病院のベットだった。博之さんの運転する車は、通学路に侵入し、通学中の小学生1人をはね、死亡させた。

〈事故の知らせ〉

　博之さんの母親である雅子さん（51歳）は、事故の前日、珍しく帰りが遅い息子を心配しており、まさか事故にでも遭遇したのではないかと考えていた。

　翌朝、警察から電話があり、博之さんが人身事故を起こしたという事実を告げられた。この事故によって、被害者が死亡しているという事実にただ愕然とするばかりだった。

第1節　役割に悩む家族　　51

博之さんも大きな怪我をしているということで、すぐに運ばれた病院へ向かった。医師から命に別状はないという知らせを受けて安堵したが、この先、息子や自分の人生は一体どうなってしまうのか、想像するだけで底なしの不安に飲み込まれそうだった。警察官から、自宅付近には取材陣がいるかもしれないので、しばらく帰らない方がいいのではないかと言われたが、他に身を寄せることができる場所はなかった。その日の夕方、自宅に帰ると、報道陣らしき人影は見当たらなかったが、記者が何人か近所の住民にインタビューをしていたという報告を近所の人から受けた。ニュースを見ていた人の話では、酒気帯び運転による事故と報道されたようで、かなりの社会的非難が集まっていると思われた。雅子さんは、しばらく、人目を気にしなければならない生活を余儀なくされた。

〈遺族への謝罪〉

　雅子さんは、いち早く遺族に謝罪をしなければと警察を通して連絡先を教えてもらい、病院にいる息子の代わりに謝罪に行った。遺族の怒りと悲しみは想像以上に凄まじく、厳しい言葉を何度もぶつけられた。社会で大きな批判が集まっているにもかかわらず、酒に酔った状態で運転をするとは、親としても監督不十分ではないかという点を何度も指摘された。雅子さんは、返す言葉はなかった。遺族のそばには被害者の父の上司が付き添い、時折、怒りが収まらず、雅子さんに殴りかかるのではないかと思うほど激昂する被害者の両親をなだめてくれていた。雅子さんは、遺族の対応に恐怖を感じるよりも亡くなった被害者のランドセルや洋服を見て、親として申しわけない気持ちが込み上げてきた。罪のない幼い子どもの命が奪われ、加害者である自分の子どもは生きている。雅子さんは、逆の立場だったらと考えると遺族の前で顔を上げることができなかった。

　博之さんが勾留されている間、雅子さんは、本人の代わりに遺族宅に謝罪に行くことを続けた。訪問を重ねるたびに、徐々に激しい感情をぶ

つけられることは少なくなっていたが、「あなたは息子さんと会えるからいいじゃない。私たちはもう二度と会えないんです」という言葉に、息子に面会に行くこと自体が罪のように思えてきた。

〈警察署での息子との面会〉

雅子さんの相談を受けてから1週間後、博之さんからWOH宛てに手紙が届いた。「母がお世話になっております」という言葉から始まり、事件の後悔と家族への思いが綴られていた。そして、「母親の顔を見るたびに生きていることを責められている気がする」「面会するたびに、『なんでお前が生きているんだ！』と遠回しに言われているようで辛い」「できるものなら自殺をしたい」と書かれていた。

博之さんは昨年、就職活動をしていたが、残念ながら内定をもらうことができなかった。事故前まで、アルバイトを掛け持ちしながら就職活動をしていた。事故の前日、知人が経営している会社から誘いを受け、ほっとしたところで久しぶりに友人たちとお酒を飲んだ。その日は友人宅に泊まり、早朝に車で自宅に戻ろうとしたときの事故だった。事故のせいで、友人にも迷惑がかかり、その友人とは関係が悪くなってしまった。会社に誘ってくれた知人も、事故の話を聞いて、この先の付き合いはしないと手紙が送られてきた。内定は取り消される方向だという。

事故後、面会に来てくれた兄からは、現在交際中の彼女との結婚が事故のせいで破談になったらどうしてくれるんだと責められた。事故後、1人、また1人と自分から離れていくなかで、唯一、自分の味方として望みをかけられる相手は母親だけだった。しかし、面会のたびに、失望したような表情を見るたびに、自分は生きていてはいけないんだという気持ちが強くなっていった。兄は昔から成績もよく、順調に就職し、順風満帆な生活を送っていることに劣等感を抱いていた。事故を起こしてしまったことで、兄の人生まで狂わせてしまったことを、母親は何よりも怒っているはずだと考えていた。WOH宛てに何通か送られてきた手紙の最後には必ず、「死以外の償いは見つからない」と書かれていた。

第1節　役割に悩む家族　53

雅子さんは、遺族と対面してから、自分の子どもだけ生きている現実を喜んではならないと考えるようになっていた。同時に、事故後も自分は仕事を続けていかなければならないことや長男の仕事や結婚への影響を心配し、社会からの批判をとても怖れていた。内心、孤独に悩んでいる息子を心配する気持ちがあっても、立会人のいる面会の場所で、息子への情を示すような言葉をかけることははばかられた。

　博之さんの状況では、複雑な加害者家族の現状を理解する余裕はなく、母親には見捨てられているだけではなく憎まれているとさえ思うようになっていたのである。筆者は博之さんに、心の中では息子を思っているという母親の真意を伝える手紙を送り続けた。

　次第に、博之さんからの手紙のなかに、自殺をほのめかすような文章はなくなっていき、保釈される頃には、生きて事故と向き合うことに前向きになっていた。

(2)　検討：親としての役割は何か

①　それぞれの感情を表出する場所の必要性

　母親の雅子さんも、相談のなかで何度か自殺願望を口にしたことがあり、責任感の強い親子は、双方に自殺の危険性があった。

　事例3は、被害者死亡という取り返しのつかない結果を招いてしまった事故であるが、加害者本人は自動車事故を起こした経験は初めてであり、人命を奪う大惨事となってしまった事態に大きなショックを受けていた。事故後、博之さんは、怪我が完治するまで病院に搬送され、その後、警察署に身体を拘束されていたことから、自殺願望があったとしても、監視によって既遂には至らなかった。事故直後からしばらく不眠が続いていたことから、病院から警察署に勾留されてからもしばらく睡眠薬を処方されていた。WOH宛てに初めて届いた加害者からの手紙には、強い自殺願望が綴られており、すぐに釈放されていた場合、自殺する可能性が非常に高いと思われた。

過失による大事故は、加害者と家族双方に大きな衝撃を与える。事故直後は、加害者だけでなくその家族もまた混乱のなかにあり、家族が加害者本人のケアを担うことは難しい。こうしたケースでは、加害者と家族双方の感情のコントロールを担う第三者の早期介入が課題である。

②　親としての葛藤

　1998 年、アーカンソー州の高校で起きた少年による銃乱射事件の犯人の母親は、テレビカメラの前で顔を伏せることなくインタビューに応じた。すると、この母親のもとには全米から、「いま、あなたの息子さんは大変なときだから頻繁に面会に行ってあげてね」といった励ましの手紙が多数届いたという[2]。日本の加害者家族が置かれている現状に比べると、驚くべき現象について、刑事法学者の佐藤直樹教授は、公私の分離を原理とする近代家族のもとでは、親はどんなことがあっても子どもを守るのがあたりまえだと社会が認めるが、日本では近代家族が未成熟のために、公としての「世間体」が優先され、家族の愛情原理が成り立たないと分析している[3]。

　博之さんは、勤勉で真面目な性格である。事故を起こすまでの 1 年は、就職活動とアルバイトに励み、多忙な生活を送っていた。雅子さんは、「普段、あまりお酒を飲む方でもないが、ようやく内定を得たことでこれまでの緊張が解けて、一瞬気が緩んだのだろう」と話す。この一瞬の気の緩みによって、これまでの努力はすべて水の泡になってしまった。幼い命を奪ってしまう結果となり、決して「一瞬の気の緩み」ですまされることではない。しかし、博之さんは、決して無責任な人間ではなく、地道な努力を続けてきた人である。それを最もよく理解しているのはこれまでずっとそばで息子を見てきた母親である。博之さんが、罪を償って生きていくことを最も近くで支えることができるのは雅子さんだけであり、博之さんもそれを望んでいる。

　筆者は、今こそ愛情のすべてを注いであげるべきだということを伝えると、雅子さんの懲罰的な態度は変化した。更生に必要な支援は WOH

第 1 節　役割に悩む家族　　55

が担うことによって、雅子さんが心の底で望んでいる、雅子さんしか担うことのできない役割を引き出すことができた。

4 家族間で起きた事故

⑴ 事例4：祖父が孫を轢いてしまった悲劇

〈事故概要〉

　小野英夫さん（当時65歳）は、軽トラックを自宅の敷地内に駐車しようとしたところ、敷地内で2歳の孫が遊んでいたことに気がつかずに車をバックさせ、孫は後輪に轢かれてしまった。その後、病院に運ばれたが意識はなく、死亡が確認された。

〈事故直後〉

　突然の家族の死に、一家はパニックとなった。当時、英夫さんの長男の小野英俊さん（当時40歳）が中心となり、家族の混乱をまとめていた。

　英俊さんの妻である由紀子さん（当時30歳）は、事故直後、ショックで精神病院に入院した。孫を轢いてしまった英夫さんは、取り返しのつかない事態に嘆き悲しむばかりで、激しい後悔の様子は、家族も見ていることが辛いほどだった。亡くなった孫は、英夫さんにとって初孫であり、目の中に入れても痛くないくらいに可愛がっていた。「孫のためなら死んでもいい」と言って、病気の際の看病や普段の世話をしていたのだから、自らの手でその命を奪ってしまった事実はどれほど耐え難かったことか。英俊さんは、息子を失った悲しみのなかで、重い十字架を背負うことになった父親の身をも案じていた。

　しかし、事故から1週間後、自宅の物置で首を吊って自殺した英夫さんの遺体が発見された。

56　第2章　交通事故加害者家族の心理

〈事故から10年後〉

　由紀子さんは、退院した後も、事故が起きた自宅に戻ることはできず、しばらくの間、両親のいる実家で生活することとなった。英俊さんもまた、事故が起きた自宅で生活することはできないと、転居することを決意した。事故現場となってしまった自宅は処分して、母親の多江さん（当時65歳）と一緒に新しい土地で生活しようと説得したが、多江さんは自宅の処分にも転居にも納得しなかった。

　英俊さんは、転居、転職をして生活が落ち着いた頃に由紀子さんと新しい生活を始めた。生活が安定するまでに数年を要したが、子どもにも恵まれ、平穏な日々を取り戻している。しかし、事故の影響は、10年経過した今でも家族を悩ませている。事故の原因をめぐって、母親の多江さんと妻の由紀子さんとの間での対立が解消されないのである。息子を失ったショックで精神病院に入院した由紀子さんは、英夫さんの葬儀にも出席できなかった。由紀子さんは、夫に気を遣いながらも、結果的に息子を殺した英夫さんをどうしても許すことができなかった。

　多江さんは、事故直後から、由紀子さんを責める発言を繰り返していた。当時2歳だった孫は車が好きで、自宅に自動車が出入りするたびに近くまで寄っていくことがたびたびあり、由紀子さんには、息子を車の周りで遊ばせないようにと、何度も注意をしていた。しかし、由紀子さんはその助言をあまり真剣に聞いていなかった様子だったことから、今回の事故が起きた原因は母親の監督が十分ではなかったためであると考えてきた。事故を起こしてしまった英夫さんに対しても、悪いのは嫁の方だと言って慰めていた。

　英俊さんは、息子を失った悲しみのなかで、母親と妻との間で板挟みとなり、苦しみ続けてきた。

　多江さんと由紀子さんは、事故後、直接2人で話をすることは一切なくなった。親族で集まったときも、目を合わせることもなく、事情を知らない子どもたちは、2人の関係について何があったのか不思議に思っているという。母にしても、妻にしても、心に大きな傷を負っている。

第1節　役割に悩む家族　　57

英俊さんは、その痛みが伝わってくるゆえに、２人になんと声をかければよいのか、今でも対応に悩んでいる。多江さんは、高齢になり、入退院を繰り返すようになっている。母が生きている間に、妻との関係を少しでも修復してほしいと願っており、そのために自分は双方に対して何ができるのか悩み続けている。

⑵　検討：被害者と加害者の間で

　事例4は、英俊さんからWOHにつながった相談である。筆者は、英俊さんの妻の由紀子さんと母親の多江さんそれぞれから話を聞くことができた。

　① 　残された家族の罪責感
〈**多江さん ── 加害者の妻としての罪責感**〉
　加害者の妻である多江さんもまた、夫と同じように、亡くなった孫をとても可愛がっていた。事故が起きたとき、多江さんは、台所におり、夫の叫ぶ声に慌てて外に飛び出した。夕飯の支度の頃、孫は台所をうろついたり、居間でおもちゃで遊んだりしていたが、いつのまにか姿が見えなくなっていた。この瞬間、なぜ自分がもっと早くに孫の存在に気がついてあげられなかったのか、悔やんでも悔やみきれないという。事故の後は、自責の念にさいなまれる夫を励ますことで必死だった。事故が起きてから数日間は、夫は眠ることができず、寝室には夫の嗚咽が響き渡っていた。多江さんもまた、涙を止めることができなかった。
　警察の現場検証や葬儀などが続いたことから、夫は事故から１週間は冷静を保っていた。日中の疲れからか、次第に夜も眠ることができるようになっていた。事故から８日目の明け方、床から出ていった夫がなかなか戻って来ないことに気がつき、家の中を探しに行った。トイレや風呂場にはおらず、物置に探しに行ったところ、首を吊っている夫の死体を発見した。多江さんは、すぐさまロープを解き、夫の遺体を抱き

しめた。

多江さんは、亡くなる寸前の孫を抱き、首を吊っている夫の遺体を下ろし抱きしめるという、最も悲惨な場面に直面した家族である。しかし、気丈にも、孫の葬儀に続き、夫の葬儀でも中心的な役割を果たしていた。精神的なショックから入院した息子の嫁に対しては、あまりに頼りないのではないかと怒りの感情が芽生えたという。

多江さんは、孫の死について、息子夫婦が親としての責任を認め、英夫さんの責任ではないと英夫さんを慰めていてくれれば、英夫さんが自死を選ぶことはなかったのではないかと考えていた。夫を亡くしてから、息子夫婦と同居することはできなかった。息子の妻の由紀子さんは、被害者遺族という見方もありえるかもしれないが、多江さんにとっては、むしろ親としての責任を果たさず、事故を招く原因を作った加害者であると捉えていた。

〈由紀子さん ──息子を失った母親としての罪責感〉

由紀子さんは、息子が亡くなった日から、夫の両親に対しては、家族ではなく、「加害者」という感情しか持てなくなった。故意ではないにせよ、息子を轢いた義理の父を許すことはできなかった。事故直後、息子を突然失った悲しみと義理の父への怒りで精神的なバランスを崩してしまっていた。事故直後、夫が入院を勧めてくれたことから、最悪の時期を乗り越えることができたが、一時期は、死にたいという感情と加害者を殺したいという感情が高ぶり、自分をコントロールすることができなくなっていた。

現在でも、義理の父の墓に手を合わせることはできない。義理の母に対しても、孫の面倒は自分が見ると言い切っていたにもかかわらず、事故の日、なぜまだ2歳の息子から目を離したのか、怒りの感情は今もまだ癒えない。夫もまた加害者家族であると考えている。これまで何度も離婚を考えたが、決断ができないまま新しい土地での生活が始まり、次男が誕生したことによって夫婦関係は修復されていると感じている。

第1節 役割に悩む家族 59

本当のところ、夫には、母親との縁を切ってほしいと望んでいる。

〈英俊さん —— 家族を失う恐怖〉

英俊さんは、一家から２人も死者を出してしまった罪責感に長年苦しみ続けてきた。それからは、これ以上、家族を失いたくないという感情が強くなり、母親と妻の双方に気を遣いながら生活をしてきた。

事故直後、家族のなかで自分は何をすればよいのかわからない混乱のなかで父親が自殺した。父親に対しての感情は複雑である。もっとそばで温かい言葉をかけてあげるべきだったと自殺を止めることができなかったことを後悔している一方で、事故の責任を取ることなく逃げたのだと父親を責めたい感情もある。実の親であっても、「子どもを殺された」という感情は、心から完全に消えることはないと感じている。

事故後、見知らぬ土地で新しい生活を始めることは苦労も多く、しばらくは事故のことを振り返る余裕はなかった。夫婦の新しい生活が落ち着き、次男も成長し、母親も高齢になってきた現在、あらためて事故と向き合いたいという感情が湧いてきた。亡くなった息子と父親に、家族全員で手を合わせる日がくることを願っている。

②家族関係の再構築

同じ家族のなかに、被害者と加害者がいる事故は、年間何件か起きている。同じ家族であるがゆえに、他人に対しては思いとどまるような激しい感情をぶつけ合ってしまうことも予想され、被害者が身内以外のケースよりも関係が複雑になる場合もある。さらに、家族が一体となって加害者を支えていく状況を作ることも困難である。過って愛する人の命を奪ってしまったケースでは、加害者が自殺に至るリスクも高まるおそれがある。

本件は、英俊さんの妻の由紀子さんも母親の多江さんも家族のなかの悲劇から自殺を考えたと話しており、英俊さんの双方への配慮が残された家族の命をつなぎ止めたといえる。

英俊さんは、由紀子さんとの間に子どもが生まれ、新しい生活が軌道に乗ってきたことから、家族の関係修復を望み始めた。しかし、英俊さんを中心として、現在でも残された家族は家族としてつながっており、言葉を交わすことがないまでも、双方がいがみ合うような事態は起きていない。関係修復を無理に進めることは、さらに家族関係を悪化させる可能性があり、現状を肯定し新しい家族の関係に目を向けることの方が重要だと思われる。

第2節　被害者対応に悩む家族

1　被害者と加害者の逆転

⑴　事例5：犯罪被害者から交通事故加害者へ

　加藤三郎さん（73歳）は夕方、ボランティア活動から車で帰る途中に、自宅付近の交差点で、大雨で一時前が見えなくなり、信号を見落とし、自転車に乗っていた高校生をはねて死亡させてしまった。

　被害者の高校生は、加藤さん宅の近所の住人だった。加藤さんが奥さんと一緒に謝罪にうかがったとき、「日下」という表札を見て、以前、訪問したことがある家だということに気がついた。

　10年ほど前、この家に住む子どもに住居侵入されたことがあったのである。家の中を荒らされ、時計など約5万円の財産を盗まれたことに腹を立てた加藤さんは、被害者宅に怒鳴り込み、数時間、加害者の少年と母親に説教したことを思い出した。それからしばらくの間、この親子を見るたびに、また同じような悪事を働いていないか注意をしていた。最近は、加害少年の姿を見ることもなくなり、事件のことは忘れかけていたが、自分が轢いてしまった高校生は加害少年の弟だったのである。

　加藤さんは、被害者の家族が、あのときの出来事を忘れていてくれればよいと祈るような気持ちでチャイムを鳴らした。しかし、鬼のような形相で玄関に現れた女性は、10年前に自分が罵倒した加害少年の母親だった。

　「うちはあのとき、弁償しましたよね？　あんたも弁償しなさい！息子を返しなさい！」と被害者の母親である日下奈美恵さん（50歳）は、半狂乱で加藤さん夫婦を激しく罵倒した。加藤さんは、ただひたすら頭を下げて謝るしかなかった。そして奈美恵さんは、加藤さんに毎日、謝

罪に来るように要求し、加藤さんはその要求に従うしかなかった。奈美恵さんは、10年前、加藤さんが奈美恵さんと息子に言い放った言葉を思い出せと加藤さんに迫った。そして、加藤さんに対して、同じ言葉を浴びせた。

　日々憔悴していく三郎さんの様子を心配したのは、娘の香織さん（40）である。香織さんは、父親が轢いてしまった被害者の家族が起こした事件のことをよく覚えていた。父親の三郎さんは、正義感が強く、近所の子どものいたずらや非行などにとても厳しかった。また差別意識も強く、奈美恵さんがシングルマザーで水商売で生計を立てているということに対して強い嫌悪感を示していた。この一家は、定かではないが、日本国籍ではないという噂があり、それに対しても、「日本人ではないのだから、日本から出て行ってほしい」などという言葉をよく口にしていたのである。

　奈美恵さんは、突然、加藤さんの家に怒鳴り込んで来たり、夜中に電話で抗議をすることがあった。香織さんは、奈美恵さんの言動を怖いと思うこともあったが、父に相当プライドを傷つけられたことも怒りの大きな原因ではないかと思っていた。香織さんも離婚を経験し、現在はシングルマザーである。香織さんが離婚を決意したとき、三郎さんからはまるで人間失格のようなことを言われ深く傷ついた。その経験から、奈美恵さんの境遇に同情するところも多々あったのである。

　事故から1週間ほどした頃、以前、窃盗を働いた奈美恵さんの長男が、弟の死の知らせを聞いて地元に戻ってきた。彼は、酒に酔った勢いで加藤さん宅に怒鳴り込み、「人殺し」などと叫んで暴れたことから、警察を呼ぶ騒ぎとなった。

　被害者家族の怒りは収まる気配もなく、香織さんは地域から離れることを決意した。自宅を売却することを考えていた頃、三郎さんが、近所の橋から投身自殺をして亡くなった。

　それ以来、被害者側からの抗議や連絡は一切なくなった。加藤さん家族も被害者と直接接触することは避け、すべて保険会社に対応を任せた。

香織さんと母親は、この地域に暮らすことは耐えられず、その後は兄弟夫婦が暮らす地方で生活をしている。

(2) 検討：謝罪に伴う屈辱感

事例5は、かつての犯罪被害者が加害者の兄弟を轢いてしまい、交通事故加害者になってしまったケースである。加害者・被害者という立場は決して固定的な立場ではなく、立場が逆転する可能性があることを顕著に示している事例である。頭を下げたくないと思っている相手に取り返しのつかない被害を与えてしまい、長期的な謝罪を要するという状況は、甚大な精神的負担を伴うものである。本件の三郎さんのように、自尊心を引き裂かれ、自責の念に堪え切れず、自殺をしてしまうことも十分予想される。

一方、被害者の母親も、息子の窃盗事件以来、加害者家族として小さな町のなかで肩身の狭い思いをしながら生活していた屈辱感が、息子を失った悲しみとともに爆発し、怒りをコントロールすることが難しかったのではないかと思われる。

当事者間だけではなく、第三者が介入し、双方のケアをしながら償いを続けていくことが検討されるべき事案である。

2 被害者との関係に悩む加害者家族

(1) 事例6：被害者家族からの宗教勧誘
（被害者からの申出 ── その１）

〈息子が起こした人身事故〉

菊地理恵さん（42歳）の長男勇気さん（18歳）は、自宅付近で、スピード違反によるオートバイの転倒事故を起こし自転車に乗っていた中

学生を巻き込み軽傷を負わせてしまった。理恵さんは、すぐに被害者宅に連絡をし、後日あらためて謝罪にうかがうことを約束した。

　自転車を運転していた小林のぞみさん（15歳）は、オートバイから投げ出された勇気さんの体にぶつかり、自転車から転倒し腕と足を打撲した。のぞみさんは、勇気さんが卒業した中学校に通っており、勇気さんの存在を知っていた。勇気さんは、中学時代、校則違反などをして校内で目立つ存在であったことから、勇気さんをよく覚えていたという。

　理恵さんが謝罪のために小林さん宅を訪れたとき、対応したのはのぞみさんの母親である礼子さん（40歳）だった。礼子さんは、のぞみさんから勇気さんの中学時代の非行歴を聞き、スピード違反によって転倒した今回の事故も非行の延長線上にあるのではないかと考え、家庭での教育はどうなっているのかと理恵さんを厳しく責めた。勇気さんの子育てについては、理恵さんは反論できずに、ただ深く頭を下げることしかできなかった。

　理恵さんは、勇気さんのことで長い間悩みを抱えていた。高校に入学してから勇気さんの非行は激しくなり、授業を休むことが増え中退することになった。高校を退学してからは、仲の良かった友人の紹介で就職することができ、現在は仕事を休むことなく真面目に働いており、ようやく親として安心していた矢先の事故だった。勇気さんは、最も荒れていたころは、暴走族にも入っており、被害者からその事実についても指摘されるのではないかと内心ビクビクしていた。

〈被害者からの告白とセミナーへの勧誘〉
　この事故で重傷を負った勇気さんが退院した頃、理恵さんは、あらためて息子と2人で被害者宅に謝罪に行きたい旨を連絡した。しかし、被害者の母親である礼子さんからは、のぞみさんが勇気さんを怖がっているので、自宅には理恵さん1人できてほしいと告げられた。

　理恵さんは、勇気さんの素行について、また礼子さんから厳しい言葉を浴びせられるのではないかと緊張していたが、二度目の訪問では、前

回の厳しい態度とは打って変わって礼子さんは穏やかな態度で対応してくれた。

　のぞみさんの怪我もだいぶよくなっており、心配する必要がないと言われ、理恵さんはようやく胸をなで下ろした。そして、礼子さんは、前回、理恵さんがわざわざ謝罪に来てくれたのにもかかわらず、勇気さんへの教育のことにまで口を出してしまったことを後悔していると、言い過ぎてしまったことを謝罪してくれたのである。さらに驚いたことは、のぞみさんには兄がおり、兄も勇気さんと同じ中学校に通っていた。のぞみさんの兄はだんだんと不登校になり、現在は、自宅の２階に引きこもる生活を送っているのだという。

　被害者である礼子さんによる家庭の問題のカミングアウトは、理恵さんの全身の緊張感を解き、どこか救われたような気分になった。そして理恵さんは、現在も抱えている勇気さんとの確執や夫婦関係の悩みなど、普段、人には言えない家庭の問題の多くを礼子さんに話すことになった。礼子さんは、これからは被害者と加害者ではなく、子どもの問題を抱える親同士として仲良くしたいと理恵さんに言った。この言葉に理恵さんは親友ができたような気持ちになり嬉しくなった。

　その後、理恵さんと礼子さんは頻繁に連絡を取るようになった。ある日、礼子さんから、子育てに悩む親のためのセミナーに一緒に参加しようという誘いがあった。理恵さんは、躊躇することなくそのセミナーに参加した。礼子さんは、セミナーの主催者や講師と親しいようで、会場では涙を流しながら講師の話を聞いていた。理恵さんは、セミナーの内容にはそれほど感銘を受けなかったが、礼子さんを介して同世代の女性たちと久しぶりに交流できたことがとても楽しかった。

　勇気さんは、地域ではおそらく「札付き」であり、理恵さんは、勇気さんの非行が始まってから、地域の人々と交流することを避けてきた。勇気さんの問題で悩んだとしても、相談できるのは夫だけである。しかし、夫は仕事を理由に話し合いを持ってくれないことから、長い間孤独に悩んできた。息子が起こした事故で痛い思いをさせてしまったのぞみ

さんと心配をかけたのぞみさんの家族には申しわけないが、この事故を
きっかけとして、これまで誰にも話すことができなかった悩みを打ち明
ける相手ができたことを幸運にさえ感じていた。

　翌週も、礼子さんは同じ主催者のセミナーに理恵さんを誘った。今回
誘われたセミナーは前回と違い有料であることが気になったが、礼子さ
んとの付き合いとして仕方がないと思い参加した。理恵さんは、礼子さ
んと話す機会は嬉しかったが、セミナーの内容には違和感を覚えた。理
恵さんは、勇気さんの非行の問題を抱えて以来、心理学に関心を持つよ
うになり、独学で勉強するようになっていた。セミナーの内容は、理恵
さんの問題意識とは噛み合わなかった。

　礼子さんから、２回目の有料のセミナーの誘いを受けたとき、理恵さ
んは正直に自分が感じている違和感について礼子さんに伝えた。すると
礼子さんは、厳しい口調でこそなかったが、「信仰心が足りないことが
今回の事故を招いた」と言い、贖罪として学ぶべきテーマではないかと
諭されてしまった。理恵さんはこのとき、礼子さんの誘いが宗教勧誘で
あることに気がついたが、すでに自分と家族に関するさまざまなことを
礼子さんに話しており、誘いを断ることができなくなっていた。

　理恵さんは、礼子さんの勧める宗教への参加は、被害者家族である礼
子さんへの贖罪と自分に言い聞かせて参加するようになった。数カ月間
は、孤独が癒されてよかったと思うこともあったが、寄付金などの出費
がばかにならないことを悩み始めていた。礼子さんとの関係も、精神的
に負担になりつつあった。礼子さんは、理恵さんがセミナーへの参加や
教義に対して否定的な態度を示すと、「うちの子は引きこもりだから他
人様に迷惑はかけないけれど、勇気君みたいな子は心配。犯罪者になっ
たら家族も終わりだよ。何もしなくて大丈夫なの？」と理恵さんにとっ
ては突かれると最も痛い話を必ず出してくるのである。このときから、
礼子さんは友達ではなく、理恵さんにとっては永遠に「被害者家族」な
のだということに気がついた。

　理恵さんは、礼子さんの誘いを断ることで、家族の秘密を暴露される

のではないかということが最も心配だった。決して誰にも知られたくない家族の話を礼子さんに伝えてしまっていたからだ。次第に、これまでの流れはすべて計画的な勧誘だったのではないかと疑心暗鬼になっていった。それでも理恵さんは、礼子さんの誘いを断る理由とタイミングが掴めずに、出費と精神的負担が募るばかりだった。

　ある日、理恵さんは、新聞で、地元の弁護士会が無料相談を開催するという記事を見つけて、30分間無料という法律相談を受けることを決意した。地元での開催ということで、守秘義務があるとはいえども、どこからか自分の情報が礼子さんの耳に入ってしまうのではないかと不安と緊張で心臓が高鳴った。しかし、不安と同時に期待もあった。今日で、これまで引きずってきた悩みから解放されるかもしれない。そう思うと、理恵さんは勇気を振り絞って相談室の扉をたたいた。迎えてくれたのは、若くて気真面目そうな男性の弁護士で、理恵さんの話を丁寧に聞いてくれた。しかし、最終的な解決としての回答はひとことだけだった。「断っていいんですよ。断ればいいだけの話です」。弁護士はそう言うと、間もなく30分になる時計を見ながら理恵さんを追い出すように出口まで見送った。理恵さんはこの瞬間から、自分を助けてくれる人は存在しないのだと感じ、礼子さんに従うしか自分の取るべき道はないのだと自分に言い聞かせるようになっていった。

〈経済的限界と脱会〉

　礼子さんとの関係における悩みは宗教勧誘だけではなかった。礼子さんと仲良くなったばかりの頃は楽しいと感じていたランチへの誘いである。2人でホテルのバイキングなどに行き、数時間、食事をしながら会話を楽しんでいた。理恵さんは、このときの礼子さんの支払いは自分が払うと言った。事故の金銭的補償は保険会社から支払われ、別に見舞金なども支払ってはいたが、やはり加害者家族としての自責の念からせめてもの償いとして自分が支払うべきだと思った。それ以来、2人の食事の後の支払いは理恵さんが負担することがだんだんと当たり前になっ

ていき、近頃では礼子さんは財布を出す素振りさえ見せなくなった。お店を選ぶのもすべて礼子さんであり、ときには高額な出費に至ることもあった。セミナー参加後の礼子さんとの食事代、セミナーの参加費、寄付金といった礼子さんとの交際にまつわる出費は、決して余裕があるわけではない理恵さんの家計を圧迫していた。

　事故から半年が過ぎた頃、理恵さんは、セミナー参加者でよく見かけていた女性が退会することになったという話を耳にした。理恵さんは、この女性から話を聞きたいと思い、２人で話をするチャンスを待っていた。ある日のセミナーの帰りに、思い切って話を聞いてみようと思ったところ、逆に、理恵さんはこの女性から、息子の現在の状況について話を聞かれることになった。この女性は、以前、新聞で加害者家族の支援を行っている団体の情報を得たという。

　理恵さんは彼女からの情報によって、WOH につながることになった。事故後の紛争処理はすべて終了しており、問題は、被害者の母親との関係をどのように断つかということである。筆者が理恵さんからこれまでのいきさつを聞いた限りにおいて、被害者の母親である礼子さんは、理恵さんを奴隷のように扱おうというような悪意は持っておらず、ただ自分が良いと思う方法について理恵さんに勧めているだけであるように感じた。２人が対等な友人関係であれば断ることも難しくはないが、責められるべき立場にある加害者家族としては、被害者の言葉に敏感になり、宗教団体に属しているとすればなおさらいずれ宗教団体を敵に回してしまうかのような恐怖を感じずにはいられなかったのである。そこで、筆者はまず理恵さんと相談しながら、礼子さん宛ての手紙を作成し、渡してみることにした。

　　礼子さん
　　　いつもお世話になっております。
　　　とても悩みましたが、○○を退会することに決めました。
　　　礼子さんが誘ってくれた会なので、続けていきたい気持ちもあ

りましたが、仕事をしていない私にとって会費の負担は大きく、夫にも相談したのですが、賛成してはもらえませんでした。このことをめぐって夫婦喧嘩も増えてしまい、何のために入会したのかを振り返ると、今は経済的負担のない範囲で家族の問題について向き合うべきではないかと思うようになりました。決して、息子の問題を放置するわけではありません。今回の事故で、のぞみちゃんには痛くて怖い思いをさせてしまい、礼子さんや他のご家族にも辛い思いをさせてしまいました。息子がまた問題を起こさないように、親として監督していきたいと思います。こじれてしまった家族の問題については、心理の専門家から助言を得ながら向き合っていくつもりです。

　被害者の立場であるにもかかわらず、とてもよくしてくれた礼子さんには心から感謝しています。これからも精力的に活動されることを陰ながら応援しています。本当にありがとうございました。

菊地理恵

　理恵さんは、退会届を提出する前に、手紙にお菓子を添えて礼子さんに渡した。その後、礼子さんから、「事情はわかりました。残念だけど。ありがとう」というメールが来た。理恵さんは、無事に退会することができた。その後も、礼子さんから映画やコンサートの誘いがあったが、体調や家庭の事情を理由に断るようになり、徐々に交流はなくなっていった。

　事故から5年が経過したが、地域のなかで噂を広められたり、嫌がらせを受けるようなことは起きていない。

(2) 事例7：被害者からの交際申込み
（被害者からの申出 —— その2）

〈大学院生の弟が起こした自転車事故〉

　杉本純子さん（28歳）は、海外で生活をしている。一時帰国した際に、2歳下の弟の様子がおかしいことに気がついた。以前と比べると、げっそりとやせ細っており、顔色も良くない。何かあったのか理由を聞いてもすぐには答えてくれなかった。海外への帰国が迫ってきた頃、ようやく弟は、数カ月前に起こしてしまった事故について純子さんにすべてを打ち明けた。弟は、自殺まで考えるほど深刻な精神状況にあり、対応に困った純子さんは、WOHに相談に訪れた。

　大学院に通う杉本浩さん（26歳）は、自転車で急いで大学に向かっていた途中、坂道でスピードを出しすぎてしまい、坂道を降りたとき、歩道を歩いていた女性に衝突して怪我をさせてしまった。杉本さんは、慌てて救急車を呼び、倒れた女性に声をかけたところ、意識ははっきりとしており、自分で立ち上がることはできたが、腕や足から血が流れており、右腕の痛みを訴えていた。

　被害者の鈴木麻衣さん（23歳）は、転倒したことによる数カ所のかすり傷と打撲、そして、右腕の骨にひびが入っているという状態だった。仕事でも私生活でも利き手が使えないことによる不便は大きいと思われた。

　浩さんは、女性に大怪我をさせてしまうことになり、この先自分はどうなってしまうのか、これまで築いてきたことすべてを失っていくように思え、絶望的な気持ちになった。何より心配したことは、事故による経済的な負担である。浩さんは、自転車の保険には加入しておらず、アルバイトなどでギリギリの生活をしている。おそらく治療費を負担するだけで限界であり、仕事ができなくなった分の手当てや慰謝料を請求された場合どうすればいいのか、弁護士を依頼するにしても費用がかかると思うと精神的に追いつめられる気がした。

第2節　被害者対応に悩む家族　　71

浩さんは、麻衣さんに事情を話し、治療費は負担するが、その他の費用については、支払うまでに少し時間がほしいと頼み込んだ。麻衣さんは怒る様子もなく、むしろ学生である浩さんの状況を気にかけ、「私は仕事をしていますからお金のことはあまり気にしなくていいですよ」と言ってくれた。

　浩さんは、「加害者」となってしまった事実に愕然とした。幼い頃から優等生と呼ばれて育っており、これまでトラブルひとつ起こすことなく生活してきた。人に迷惑をかけるようなことはしたことがないつもりだった。それだけに、自分が「加害者」となってしまったことによって、周囲から軽蔑されるのが怖くなり、事故のことについては家族にも恋人にも話すことができなかった。

　幸い被害者は、自分の事情を理解してくれているが、そうした厚意にいつまでも甘えるわけにはいかないと思った。事故の原因は完全に自分にあり、被害者は利き手を怪我してしまったことから仕事にも私生活にも大きな影響が出るはずである。謝罪をしてすむような問題ではなかった。浩さんは、1年間大学を休学して、学費として貯金していた資金を損害賠償に充てることを決意した。

〈被害者との交際の始まり〉

　浩さんは、被害者の麻衣さんに連絡を取り、早速、損害賠償の件を切り出した。ところが、麻衣さんは、浩さんの生活を犠牲にするようなことまでしてお金を請求するつもりはない、と申し出を断った。しかし、浩さんは、体中傷だらけで腕にギブスをはめている痛々しい麻衣さんの様子を見て、何もしなくてよいというのもあまりに人として無責任に思えた。

　悩んでいる浩さんに対して、麻衣さんはある提案をした。麻衣さんは1人で生活をしており、利き手が使えない生活には不便が多いことから、買い物や職場への送迎などを手伝ってくれないかということだった。浩さんは、この申し出を快く引き受けた。これまでどおり学業を続ける

ことができることになり、麻衣さんからの申し出に天にも昇る気持ちになった。

　浩さんは、日常において比較的時間を自由に使えることから、運転ができない麻衣さんに代わり麻衣さんの車を運転して職場に送迎したり、買い物に同行するなど、積極的に日常の用事を手伝った。麻衣さんからの連絡は毎日のようにあったが、麻衣さんの自宅や職場と浩さんの生活圏はそれほど離れていないことから、特別負担には感じなかった。浩さんは、麻衣さんが自分を頼ってくれていると感じ、被害者の役に立てているという思いから、加害者としての罪責感が少しずつ薄れていくようで気持ちが楽になっていった。

　こうした関係が１カ月続いた頃、麻衣さんの怪我はだいぶ良くなっており、浩さんはそろそろ生活の援助を止めようと思っていた。浩さんは、率直にその意図を伝えると、麻衣さんは浩さんにずっと抱いてきた恋心を打ち明けた。

　浩さんは、このとき、初めて冷静に２人の関係を振り返ることができた。浩さんは、毎日のように車に同乗し、一緒に買い物や食事をするなかで、いつの間にか、麻衣さんの生活のなかに深く入り込んでしまっていた。浩さんは、経済的に余裕がないことから、今回の事故で被った損害に見合う金銭的な補償は困難な状況にあった。だからこそ、他に自分ができることがあればできるかぎりの協力をしたいと考えていた。それができれば、治療費以外の支払いは免除され、学業が無事に続けられると思い、できるかぎり麻衣さんの意向に沿った行動を取ろうとだけ考えていた。浩さんにとって麻衣さんはあくまで被害者であり、それ以外の感情や下心はなかった。浩さんには、交際している女性がいたことからも、麻衣さんと男女の関係になることなど夢にも考えてはいなかった。浩さんは、正直なところ、交際を断ることによって再び損害賠償の話が持ち上がることが心配になり、麻衣さんの申し込みをすぐに断ることはできなかった。

　浩さんは悩んだ末、恋人がいるということを説明し、麻衣さんの怪我

が回復してきていることから、少しずつ学業に専念することを許してほしいと伝えた。麻衣さんは驚いた様子はなく、仕方がないと事情を理解してくれた。しかし、怪我で仕事ができなくなっていたことから同僚に迷惑をかけてしまい、今の職場に居づらくなっているという悩みを浩さんに伝えた。浩さんは、やはり事故の影響が仕事にも出てしまっていたことを聞いて、ショックを受けた。そして麻衣さんは、転職を考えていることから、転職して落ち着く数カ月先までこれまでのように援助してほしいと浩さんに頼んだ。浩さんは、とても断ることができなかった。「数カ月先」と具体的に時期が決められたことから、数カ月だけ我慢すれば、徐々に関係は薄れていくだろうと考えた。

〈エスカレートする被害者からの要求〉

　浩さんは、麻衣さんの転職に伴う家探しと引っ越しの荷物運びなどを手伝うことになった。転職後、落ち着くまでは援助をするという約束をしたので、しばらくは麻衣さんの行動に付き合うつもりだったが、浩さんは、このままで関係を断つことができるのかどうか不安が芽生えていた。

　案の上、もうほとんど怪我はよくなっているにもかかわらず、麻衣さんからの要求はエスカレートするばかりだった。メールや電話の返事をすぐに返さないと、怒りをあらわにするようになった。突然、自宅に訪ねてくるようなこともあったことから、浩さんは、これ以上の付き合いはできないことを麻衣さんに率直に切り出すことを決意した。

　浩さんは、これ以上は、2人で会うことはできないと告げると、麻衣さんは別れたくないと泣き出した。浩さんはこれ以上、生活を乱されることは避けたかった。事故のことは申しわけないが、約束は果たした旨を告げてもう会わないことを決意した。

　その後、麻衣さんから何度も電話やメールがあったが、浩さんは返事をすることはなかった。送られてくるメールは、ただ連絡がほしいという内容であったが、浩さんが返信しないまま放置していると、慰謝料請

求のために裁判を起こすという内容や浩さんの実家の両親と話をしたいといった浩さんの弱みを突くような脅迫的な内容に変わってきた。

　浩さんは、困り果て、弁護士に相談してみることにした。広告で見た法律事務所をとりあえず訪ねると、自分と同世代に見える女性の弁護士が相談にあたった。浩さんがこれまでの経緯を話すと、弁護士はけげんそうに何度も首を傾げながら話を聞いていた。そして、問題についての回答をもらう前に、浩さんの被害者との関わりは行き過ぎたものだったのではないかということを強く非難された。浩さんは、言われても仕方がないことかもしれないとは思ったが、恥ずかしい思いをしながらようやく悩みを打ち明けたにもかかわらず、説教されてしまったことに腹を立て、相談も半ばに事務所を後にした。このとき、浩さんは、もう二度と弁護士には相談しないと思った。

　浩さんは、事故のことを家族や恋人にはできるだけ知られたくなかった。特に両親には心配をかけてしまうだろうと思って話さないことにしていた。恋人には話そうかと考えたが、女性の弁護士から指摘されたことを思い出し、誤解を招くかもしれないと思うと、できるだけ話すことは避けたかった。

　麻衣さんからは、相変わらず、もう一度話し合いたいといったメールが入っていた。いつまでも無視し続けることはできないだろうとは考えていた。浩さんは、これ以上、麻衣さんとの関係を続けることは限界だった。麻衣さんは、自分に好意を抱いているような言い方をするが、都合のいい人間として自分のいいようにしたいと思っているようにしか思えなかったのである。これ以上、麻衣さんに振り回される生活は嫌だと思った。浩さんはやはり、翌年の授業料として貯金していたお金を麻衣さんに支払って、完全に関係を断つことを考えた。しかし、なかなか決断ができないまま時間が流れていった。

　その後も、麻衣さんからの着信やメールを無視し続けていると、麻衣さんが大学を訪ねてきたことがあった。浩さんは、事故のことを周囲に知られるのは時間の問題だと思い、精神的に追いつめられていった。

第2節　被害者対応に悩む家族　　75

その頃、海外に住んでいた浩さんの姉が一時帰国していた。浩さんは、姉にすべてを打ち明けて助けを求めた。浩さんは、最初に相談した弁護士の対応に傷ついており、弁護士に相談することを頑なに拒んでいた。浩さんから相談を受けて、困り果てた姉の純子さんは、WOH に助言を求めた。

筆者は、純子さんと話をした後、浩さんと直接話をした。今後、被害者との関係を悪化させないためには専門家に介入してもらう必要があり、その役を担うことができるのは弁護士であることを説明し、事情を汲んでもらったうえで対応してくれる弁護士を紹介すると伝えるとようやく納得してくれた。弁護士費用は、純子さんが負担してくれることになった。

その後、浩さんが依頼した弁護士が麻衣さんに連絡を取り、話をしたところ、今後の浩さんとの連絡は代理人を通すことに納得してくれた。弁護士が介入したことによって、麻衣さんの行動は収まった。問題が再発しないように、浩さんには被害者である麻衣さんに対して、事故についての謝罪と交際を断る旨の丁寧な手紙を書いて、代理人を通して渡したところ、麻衣さんからも厚意に甘えすぎたことへの謝罪が返ってきた。

(3)　検討：被害者からの申出をどのように断るか

①　関係性の変化

被害者と加害者といっても、その関係性はさまざまである。初めて会う者同士という場合もあれば、友人であったり、同僚であったり、親族である場合さえある。事件・事故以前の関係性は、その後の両者の関係に少なからず影響を与えている。それゆえ、支援にあたっては、両者の関係を丁寧に見ていく必要がある。

事例6では、事故をきっかけに知り合った同世代の女性2人は、互いに息子の問題で悩んでおり、一時は親友と呼べる存在にまで発展した。しかし、意見の違いが生じた際に、加害者家族は、加害者側である後ろ

76　第2章　交通事故加害者家族の心理

めたさから自分の意見を伝えることさえできずに、被害者に従わざるをえない雰囲気が作り出されてきた。2人の関係は、被害者と加害者という関係を越えることができなかった。

　本件では、事故の処理は終了しており、被害者の怪我も完治している。被害者側に直接迷惑をかけ続けている事実は存在しないことから、礼子さんとしては、理恵さんを「加害者家族」として接している意識はなかったかもしれない。しかし、理恵さんとしては、事故をきっかけとして知り合った礼子さんと付き合う限りにおいて、加害者家族であるという意識は消えることはなく、対等な関係にはなりえなかった。友人とは、対等な関係であるはずである。被害者と加害者という関係において、たとえ被害者が許したとしても加害者側が対等な関係を受け入れることは難しい。未成年の親である理恵さんは、息子の非行は自分の育て方に原因があると考えており、事故について加害者本人以上に自責の念を抱いている。子ども同士の関係であれば乗り越えることもあるかもしれないが、大人同士の関係では複雑であることを示している事例である。

　事例7では、事故をきっかけとして、被害女性が加害男性に恋心を抱き、男女間のトラブルに発展してしまった。大学院生の杉本さんは、真面目で責任感が強く、過剰に世間体を気にする人である。経済的に余裕がなく、損害に見合った補償ができないという自責の念から、被害者に対して結果的に過剰な協力をしてしまった。事故後、被害女性と加害男性が毎日のように時間をともにするなかで、恋愛感情が芽生えたとしても不思議ではない。そもそも、女性が、まったく好意を抱いていない相手に対して、車での送迎を頼んだり、買い物に同行してもらうことを求めるかは疑問である。通常であれば、その時点で、被害女性の気持ちに気がついても良いのではないかと思われるかもしれないが、追いつめられている「加害者」という立場からは、冷静な判断を欠いていた可能性が高い。杉本さんは、加害者となった事実が周囲の自分への評価を下げることを気にして、事故のことを誰にも相談してはいなかった。もし、家族や友人などに相談をしていたならば、自分が取っている行動が常識

第2節　被害者対応に悩む家族　　77

の範囲を超えているか否か、考える余地ができたはずである。

②　加害者家族と宗教

　加害者家族支援が十分ではない日本において、宗教は加害者家族の受け皿として重要な役割を果たしていることは事実である。一方で、事件が報道された後、宗教勧誘が増え、対応に悩んでいるという加害者家族からの報告は少なくない。社会的に孤立し、支援が少ない加害者家族にとって、藁にもすがる思いで入信する心境も十分に理解できる。身内による事件や事故をきっかけとして宗教を信仰し始める加害者家族がいる一方で、勧誘を断ることに悩む加害者家族もいる。社会的に責められるべき存在であると認識している加害者家族にとって、救いの手を差し伸べてくれる貴重な人々からの申出を断ることもまた勇気のいることである。社会的に排除されつつあるなかで、さらに敵を作ってしまうのではないかという恐怖から、入信を余儀なくされた人々もいる。こうした背景から、宗教団体とのトラブルに関する加害者家族からの相談もこれまで多数寄せられている。

　事例6は、未成年の息子が起こした事故であり、保護者として責任ある立場にもあることから、被害者やその家族には頭が上がらない状況にあり、被害者家族からの申出となればなおさら断るにあたって勇気が必要となる。理恵さんは、息子が暴走に近い運転を繰り返しており、親の助言を聞き入れることもないことから、いつかさらなる事故や事件を起こすのではないかという不安が常に心の中にあった。その不安をすべて見透かされているように感じる被害者家族である礼子さんの言葉は、いつの間にか理恵さんを支配するようになっていた。

　引きこもりの息子に悩んできた礼子さんは、息子の問題行動に悩む理恵さんに共感し、力になりたいという発想からの勧誘だったかもしれない。実際、退会の意志と事情を率直に伝えると、すんなり受け入れてくれており、理恵さんが心配するような事態は起こらなかった。しかし、社会における加害者家族の肩身の狭さや被害者との関係における劣位と

いう事情に鑑みると、加害者家族が勧誘を断るにあたっては、その決断を後押しするための組織的支援が必要であろう。

③　加害者家族の心理

事例6、**事例7**では、加害者側の相談者は、被害者との関係における悩みを弁護士に相談している。弁護士は、こうした相談を法的な問題ではなく、道義的な問題として、単純に申し込みは受けられない旨を先方に率直に伝えるべきことのみの助言にとどまっている。しかし、ここで相談者が抱えている問題は、あくまでも被害者との関係から導かれる悩みであり、対等性が保障されていない関係において、拒絶をためらっている間に、先方の要求がエスカレートしてしまっているという点に注意が必要である。パワーハラスメントのような権力構造が双方の間に存在している可能性もある。関係性において劣位にある者が対応に窮する場合、両者の間に弁護士などの専門家が入り調整を図るといった介入が求められている。被害者と加害者の関係性もまた多様であり、両者が置かれている状況について、ひとつひとつのケースごとに関係性を丁寧に見ていく必要がある。

3　被害者との関係修復

⑴　事例8：生まれ変わった加害者

　小川由美さん（23歳）は、ある日の夕方、友人たちと食事をするために車を急いで走らせていた。思ったより道路が渋滞しており、待ち合わせ時間には間に合わない可能性が高かった。友人たちから、到着を急かすメールがスマートフォンに入ってくる。由美さんは、早く現場に到着したいとイライラしながらスマートフォンの着信を気にしていた。友人から、由美さんが好意を寄せている男性が到着したとのメールが入り、

今日のメイクは大丈夫かと鏡に目をやった瞬間、慌ててブレーキを踏んだときには何かが車にぶつかっていた。

由美さんが急いで車を降りると、自転車のそばに人が血を流して倒れている姿があった。警察官に連行されるまで、どのような行動を取っていたのか思い出すことは難しい。起こるはずのない事態が目の前で起きていた。

警察署で事情聴取を受けているとき、被害者が死亡した事実を告げられた。被害者は75歳の男性で、孫の誕生日にケーキを買いに行く途中だったという。事故現場には、自転車と人と、何か白いものが広がっていた記憶が微かに蘇ってきた。由美さんはしばらく事態を飲み込むことができず、悪夢のなかにいるような気分だった。

由美さんは過去に一度、脇見運転で追突事故を起こしたことがあった。幸い、相手は軽傷だったが、その後しばらくは運転に際して非常に慎重だった。しかし、時間の経過とともに、気が緩んでいた矢先の事故だった。このとき浮かれていた自分を、由美さんは許すことができなかった。

勾留されている由美さんに代わって、遠方に住んでいる両親が来て、由美さんの代わりに遺族のもとに謝罪に行っていた。両親の表情から、被害者からどれだけ辛い言葉を浴びせられたかと思うと、申しわけなくて言葉もなかった。

由美さんは釈放されるとすぐに、遺族宅に謝罪に向かった。被害者の妻の叔子さん（73歳）は、事故当時の由美さんの派手な服装や髪の毛などを見て、このような人に夫を殺されたのかと思うと腹立たしいと怒りをあらわにした。そして、以前にも事故を起こしていることを指摘し、刑務所に行って生まれ変わってきてほしいと伝えた。

由美さんは、禁固1年の刑で服役することになった。刑務所に行くということは、由美さんにとっても家族にとっても思いもよらない厳しい判決だった。初めは泣いてばかりいた由美さんだったが、刑務所生活が彼女の精神を強くした。これまで、自分と似たような人々としか接してこなかった由美さんだったが、刑務所内で、貧困や家庭内暴力、虐待な

どさまざまな背景を持つ人々と出会い、社会を見る目が変わっていった。由美さんが収容された刑務所と由美さんの家族の居住地とはだいぶ離れていたが、月に2回、必ず両親が面会に来てくれた。さらに、両親は由美さんの代わりに、月命日に遺族のもとに謝罪に行っていた。

　由美さんは出所後、人の役に立ちたいと介護の仕事に就くことに決めた。由美さんの変化をとても喜んだのは、被害者の妻である叔子さんだった。由美さんは、月命日に必ず、叔子さんのもとを訪ねるようになった。事故直後、死ぬまで由美さんを恨み続けるとまで憤っていた叔子さんだったが、由美さんの変化に、だんだんと謝意を受け入れてくれるようになっていった。

　由美さんの服役中、由美さんの祖母が亡くなっていた。由美さんは、自分が犯した過ちによって、大好きな祖母の死に目に会えなかったことを何より後悔した。叔子さんの姿は、自然と自分の祖母の姿と重なっていたのである。夫を亡くしてから、1人で猫と暮らしている叔子さんにとって、定期的な由美さんの訪問は、心の支えにもなっていた。叔子さんは由美さんを自分の家族以上の存在とまで表現するようになった。由美さんと叔子さんの交流は、叔子さんが亡くなるまで続いた。

⑵　検討：受刑中の家族の努力

　事例8は、被害者死亡という取り返しのつかない事態を招いた事故であるにもかかわらず、被害者との関係を修復し、大きな過ちを教訓として、人生の新しい道を切り開くことができた事例である。残念ながら、事故をきっかけとして、転落するように悪い道に進んでしまうケースも現実として少なくはない。加害者の年齢が若いほど、その後、良い方に進むか悪い方に進むかは極端である。

　事故は多くの人を失意のどん底に突き落としたが、加害者は自分が犯した過ちと向き合い続け、被害者から赦しを超えた信頼を得ることができ、社会での信用も取り戻している。こうした結果は奇跡ではなく、加

害者と家族の日々の努力から生まれたものである。

　由美さんの家族は、事故後、由美さんを責めることは一切なく、献身的に励まし続けた。由美さんを責めるよりも、加害者家族として、謝罪や償いの手本を見せ続けたのである。両親の愛情は、由美さんに自分の罪と向き合う勇気を与え、加害者家族としての贖罪行動は、由美さんに罪を背負う者としての自覚とともに、被害者と向き合う責任を与えることにつながった。罪を背負う者としての辛い日々は、決して無駄にはならないということを教えてくれる事例である。責任から逃げずに過ちと向き合うことが、新たな人生を切り開くための第一歩であり、そこに至るには、やはり自分以外の誰かの支えが不可欠である。

小括

　一般的に人々が被害者家族や加害者家族を目にする場面は、おそらくメディアや裁判傍聴など限定的であり、双方の印象も固定的にならざるをえないであろう。メディアでは、「愛する人の死に悲しみに暮れる被害者」「子どもが起こした事故に対して平謝りをする保護者」など「世間」に受け入れられやすい双方のモデルが作為的に作られている。このような「理想的な被害者・加害者」にあてはまらない行動をする人々は、世間からの批判の対象となる。

　加害者家族という立場に立たされたとき、多くの人は、行動規範のモデルを「世間」に求め、「あるべき姿」に拘泥する傾向が見られる。それは、世間を意識せざるをえない空間に生きる私たちにとって、攻撃や非難を回避するための防衛本能なのかもしれない。一方で、社会的役割に拘泥するあまり、見えなくなっていく本来の自分がいるはずである。

　周囲の人々への対応に悩む加害者家族に対し、「あなたはどうしたいのか」と問いかけ続けることと同時に、第三者でも担うことができる役割は積極的に引き受けることによって、失いつつある自分を取り戻すこ

とにつながっている。

「世間」のなかに埋もれていく「個人」を救済することは、加害者家族支援における大きな使命の1つである。

[注]

1　阿部恭子「否認事件の家族支援」『加害者家族支援の理論と実践』117〜124頁でも検討していることから参照されたい。

2　鈴木伸元『加害者家族』（幻冬舎、2010年）181〜183頁

3　佐藤直樹『なぜ日本人は世間と寝たがるのか——空気を読む家族』（春秋社、2013年）159〜178頁

映画紹介『私の、息子』（ルーマニア、2013年）

　ルーマニアの映画『私の、息子』は、母子密着、共依存といった家族病理を背景に、息子が起こした交通事故の処理に母親が奔走する物語であり、まさに「加害者家族」をテーマとした映画といっても過言ではない。

　ブカレストに住む建築家のコルネリアは、医師である夫と裕福な生活を送る上層階級の女性である。30歳を過ぎた一人息子のバルブは自立をせず、両親から与えられた家で恋人と自由気ままな生活を送っている。

　バルブは、家族の力で何不自由のない生活を送りながらも、恋人との生活を家政婦を雇って監視したり、あれこれと世話を焼こうとする過干渉の母コルネリアに辟易としていた。ある日、バルブは、自動車を運転中、農村に住む少年をはねて死亡させてしまう。

　コルネリアは、あらゆるコネを駆使して息子の刑を軽くするために動くが、バルブは、自分の意志を無視して勝手に動き回る母親に怒り、家族の協力を拒否してしまう。バルブの実刑判決を避

ける手段として、被害者遺族に起訴を取り下げてもらうしか方法がないと考えたコルネリアは、嫌がるバルブを連れて、被害者遺族の暮らす農村に謝罪に向かう。

　遺族の暮らす自宅を訪問したコルネリアは、亡くなった少年の両親に対して、深々と頭を下げるかと思いきや、口をついて出るのは、息子自慢、言いわけ。ついには、「あなたの家にはまだ兄弟がいる、うちは一人息子で……」などと、常識では考えられない発言をしているのである。警察への賄賂といった、有力者の力が通用してしまうルーマニアで、都市に暮らす富裕層と郊外の農民との階級差が明確に存在している社会背景を考えればありえないことではないかもしれないが、被害者加害者対話を何度も経験している筆者にとって、非常にヒヤヒヤとさせられるセリフが続いた。しかし、対話を続けるなかで終盤に発せられたコルネリアの真意と思われる息子への思いが、緊張した被害者との関係を溶かし、息子バルブの行動をも変えていく。

　この変化は、筆者が加害者家族支援を続けていくなかで、「やりがい」を感じる瞬間をまさに描いている。軽蔑されようが、拒絶されようが、否定できない母親としての愛情。極限状態であらわれる絶対愛が、閉ざされた関係を開く鍵となることがあるのだ。事故で失われたものは計り知れないが、そこからしか得られないものがきっとあると信じたい。加害者家族にとって、一筋の希望を見出すことができる作品である。

84　　第2章　交通事故加害者家族の心理

第3章　交通事故加害者家族の責任

はじめに

　過失犯である交通事故加害者家族もまた、意識せざるをえなくなる「社会的責任」とは何か。それは、法的責任と道義的責任である。

　交通事故加害者家族の法的責任として問題となるのは、民事上の損害賠償責任である。損害賠償責任は、あくまで被害者との関係において生ずる責任であり、支払いを終えることによって責任を果たすことができる。しかし、人を死傷させるなど、取り返しのつかない事態を招いてしまったケースにおいて、加害者家族を悩ませ続けているのは、被害弁償や損害賠償の支払いを完了してもなお残る道義的責任である。

　本章第1節では、加害者家族から多く寄せられた相談事例をもとに、加害者家族として問われうる法的責任と道義的責任を整理する。近時注目を集めた家族の法的責任をめぐる判例の動向を踏まえつつ、事故原因や加害者との関係から生ずる家族の責任について検討を加える。

　第2節では、法的責任のように明確で期限が定められるわけではない道義的責任をどのように解釈するのか、加害者家族の体験をもとに、償いのあり方を考えてみたい。家族間や被害者、所属する共同体との関係から生ずる責任とどのように対峙していけばよいのか、絶対的な答えを見出すことは難しいが、加害者家族の罪責感を考えるにあたって意義のある問いになると考える。

　本書で紹介する事例はすべて、事実をもとにしたフィクションであり、WOH以外の個人や団体等は実在しない。なお、法的責任に関する部分に関して、本書で紹介する事例と類似の問題で法的責任の判断を必要とされている方は、専門の弁護士から個別事案ごとに適切な助言を受けることをご検討いただきたい。

はじめに　　85

第1節　家族の責任とは何か

1　運転をさせた家族の責任

⑴　事例9：妻の送迎途中に起きた事故

〈**事故が起きるまで**〉

　斉藤江梨子さん（36歳）は、久しぶりに友人と旅行に行った日の帰り、空港の外に出ると雨が降り出していた。両手はお土産の袋でふさがっており、傘をさす余裕はない。最終便で遅くなったことから、電車とバス、タクシーを乗り継いで帰ろうと、夫には送迎を頼んではいなかったが、だんだん強くなっている雨を見て、急に旅の疲れが襲ってきた。

　日曜日で、自宅でのんびりしているであろう夫の徹さん（38歳）はまだ起きているはずだと思い、送迎を頼んでみようと携帯電話に電話をかけてみた。携帯電話は留守番電話になり、自宅の固定電話にかけてみるとつながった。送迎は必要ないと話していたので、徹さんは床に就くところだったようだ。江梨子さんが状況を話すと、徹さんはすぐに空港まで迎えに行くと言ってくれた。少し悪い気はしたが、雨の中、沢山の荷物を持ったまま交通機関を乗り継いで帰ることを考えると、やはり夫の好意に甘えようと思った。

　江梨子さんは、空港とつながっている電車のA駅へ向かい、A駅まで徹さんに車で迎えに来てもらうことにした。A駅に着いた江梨子さんは、徹さんが到着するまで10分から20分早いと思い、駅近くのカフェに入り待つことにした。30分が経過したが、徹さんからは連絡がなかった。雨のせいで渋滞しているのかもしれない。しかし、1時間が過ぎても徹さんがあらわれることはなかった。江梨子さんは、嫌な予感がした。徹さんが、これだけ時間に遅れているにもかかわらず、メールの1本も送っ

86　第3章　交通事故加害者家族の責任

てこないということはこれまでなかったからだ。江梨子さんは、おそる
おそる徹さんの携帯電話に電話をかけてみたが、電話はつながらなかっ
た。

　A駅に到着して1時間半が過ぎた頃、江梨子さんはとにかく自宅に向
かうことにした。それ以外に、何が起きたのかを知る方法はない。徹さ
んの携帯電話に何度も電話をかけ、メールを送ったが、何の反応も返っ
てはこない。徹さんの携帯電話から留守番電話の案内が流れてくるたび
に、江梨子さんのなかで、確実に、何か良くないことが起きているとい
う不安が確信へと変わっていった。

　雨はだいぶ大雨となり、交通機関のダイヤは乱れ、タクシーもなかな
か捕まらず、自宅に到着するまでに2時間以上かかっていた。やはり駐
車場に徹さんの車はない。部屋の鍵を開けると、暗い部屋のなかで留守
番電話のメッセージが入っていることを示す赤いランプが点滅してい
た。入っていたメッセージは、思ったとおり警察からの連絡だった。自
宅前で待ってもらっているタクシーに乗ると、徹さんが搬送されたとい
う病院にすぐに向かった。

　江梨子さんが病院に着いたときには、徹さんは意識不明。翌日、息を
引き取った。あまりの突然の出来事に、夫の死がまだ受け入れられてい
ない状態で、警察から聞かされた事実にさらに大きな衝撃を受けた。警
察官は、「あちらのご家族は無事です。意識もあって、後、怪我の方だ
けですね」と言う。徹さんが亡くなった事故は、徹さんの居眠り運転に
よる衝突事故の可能性が高いという。徹さんが衝突した車には、家族3
人が乗っていた。運転をしていた男性は重傷、後部座席にいた子どもと
母親は軽傷だった。

〈参考人としての事情聴取〉

　徹さんが亡くなった翌日の午前中、江梨子さんは、事情聴取のため警
察から呼び出しを受けた。夫を亡くした翌日にもかかわらず、取調官の
口調は事務的で厳しい態度だった。徹さんは、かつて自宅付近で物損事

第1節　家族の責任とは何か　　87

故を起こしており、妻を駅まで迎えに行く途中で急いでいたという記録が残っていた。江梨子さんは、この日のことも良く覚えていた。自宅に帰るために迎えに来てほしいと頼んだだけであり、決して徹さんを急がせたつもりはなかった。昨日の事故も同じである。取調官から、「早く迎えに来てほしいと電話したんでしょ?」と何度か質問されたが、「早く」などとは言わなかった。取調官の質問からは、江梨子さんが徹さんを急がせたということを強調したいのではないかと感じた。

　旅行には誰と行ったのか、どこに行ったのか、当日お土産を持っていたというが何を買ったのかなど、事故と関係があるのかわからないことを次々と質問された。さらに、これまで就寝中の夫に送迎に来るように電話をかけたことはなかったかという点について何度も質問を受けた。最初に携帯電話に電話をかけた際はつながらず、固定電話を何度か鳴らした後につながった点や眠そうな声ではなかったかということを思い出すように言われた。夫が寝ていたかどうかはわからない。少なくとも寝ていたと聞いてはいない。明らかに事故の原因が江梨子さんにあるような言い方を何度もされ、江梨子さんは腹立たしい気持ちになったが、被害者が重傷であるという説明を受けた途端、何も言い返すことが出来なくなってしまった。自分に非があることを全面的に認めた方が被害者のためにもいいのではないかと思い、納得のいかない調書に署名押印をしてしまった。

　徹さんの両親は、江梨子さんを迎えに行く途中で起きた事故であったことがわかった途端、泣き叫びながら江梨子さんを「人殺し」と罵倒した。結婚した当初から、徹さんの親族とは関係があまりよくなかった。未亡人となった江梨子さんに同情的に接する人は、徹さんの親族では1人もいなかった。江梨子さんは、夫の親族の反対から、通夜や葬儀にさえ出席させてもらうことができず、表向きには「体調を崩しての欠席」と説明されていたという。

88　第3章　交通事故加害者家族の責任

〈被害者との面会〉

　しばらく、徹さんの親族との間で小さないさかいは続いていたが、江梨子さんが最も気になっていたのは被害者の様子である。警察の話によると、重傷だという運転手の方も、幸い数日間で退院されたとのことだった。謝罪に行かなければならないと思い、警察から連絡先は聞いていたが、こちらから連絡をすることはためらわれた。申しわけないという感情はあったものの、なんとお詫びしてよいものか、言葉が見つからなかった。

　どうすればよいかわからないまま時間が過ぎていたある日、被害者の家族から突然電話があった。

　電話の相手は、被害者の工藤真紀さん（39歳）。真紀さんは、まず江梨子さんと2人で会いたいと告げた。後日、2人はある喫茶店で会うことになった。真紀さんは、事故に遭ったとき、子どもを習い事の教室まで迎えに行った帰りだったという。夫の怪我はほぼ完治し、現在は普通に働いているということだった。幸い、後部座席にいた真紀さんと小学生の息子は、割れたガラスの破片で何カ所かかすり傷を負った程度だったが、息子は事故以来、怖くて車に乗りたがらないのだという。

　真紀さんは、この事故の責任について、夫とは意見が合わなかった。夫は、加害者である徹さんが亡くなってしまったことにとても同情しており、保険で経済的な損失も補填されたのだから、これ以上加害者側に謝罪や償いは求めたくないという。真紀さんも、初めは加害者側に同情的であったが、徹さんの母から話を聞いて、考え方が大きく変わっていた。徹さんの母は、被害者である工藤さん宅に何度か謝罪に訪れていた。

　徹さんの母は、真紀さんに「息子は嫁に殺された」と訴えていた。妻の江梨子さんは浪費家で、働くことも子どもを持つことも嫌い、徹さんの給料を湯水のように使って遊んでいると話していた。徹さんは、土日は疲れて休んでいるのに、買い物だの旅行だのといって夫を運転手代わりに連れまわしていることに怒りを感じていたという。徹さんの母は、徹さんは、事故当日、かなり疲れており、早く休みたかったのではない

第1節　家族の責任とは何か　　89

かと考えていた。働いたこともなく、車の運転もしない江梨子さんには、徹さんの状況は理解できないのだと激しい怒りをあらわにしていた。徹さんの母は、いつかこのような事故が起きるのではないかと不安に感じていたという。真紀さんは、この話を聞いて、江梨子さんに強い怒りを感じた。江梨子さんの軽率な行動によって、大切な命が失われ、自分の夫が怪我をして息子の心にも大きな傷を残してしまった。徹さんの母は、真紀さんに、民事裁判を起こし、江梨子さんの法的責任を追及してほしいと訴えている。真紀さんもまた、夫の親族が何度も謝罪に来ているにもかかわらず、事故が起きてから謝罪のひとつもなかった江梨子さんの態度についても納得がいかなかった。真紀さんは、訴訟を提起するか否か、家族と弁護士に相談したうえ、検討する旨を告げて帰っていった。

⑵　検討：妻は夫の過労運転を助長させたと評価されるか

運転免許を取得していない江梨子さんは、外出先から自宅に戻る際、夫に車で迎えに来てもらうことが日常的にあった。夫の就寝時間は、平日ではだいたい23時から24時である。休日は、何も用事がないときは22時前に寝てしまうこともある。事故当日も日曜日であったことから、空港から21時過ぎに夫に電話をかけたとき、夫は寝ている可能性もあると思っていた。しかし、この時期、夫は仕事で忙しい時期にあったとか、睡眠不足が続いていたという事実は認識していない。江梨子さんが旅行に出かけていた週末、徹さんは自宅でテレビを見て過ごしていると前日電話で話しており、体調が悪かったとか、睡眠不足であると思われる事情はなかった。

したがって、江梨子さんが夫の過労運転を助長したとは判断できず、法的責任は否定されると考えられる。

問題は、道義的責任をどのように考えるのかということである。江梨子さんが日常的に夫に依頼していた行為が悲劇を生む結果を招いてしまった。夫の送迎については、夫婦間で決めたことであり、第三者が口

を挟む問題ではないかもしれない。しかし、遺族である夫の親族として
は、事故当日、江梨子さんが体調不良など致し方ない事情から送迎を依
頼したのではなく、1人で旅行を楽しんできた帰りに雨のなか荷物を運
ぶことが面倒であるという理由から夫に運転を頼んだという経緯がどう
しても許せないのである。被害者の処罰感情も亡くなった徹さんではな
く江梨子さんに向いている。こうした怒りが収まらない背景には、息子
の妻としての江梨子さんへの評価が大きく影響しているのである。

　江梨子さんは、事故当日、夫に送迎を頼むという選択をしてしまった
ことを後悔し続けている。事故直後から続いている、あたかも殺人犯で
あるかのような周囲の視線から解放される日は来るのだろうか。

　運転をしない者が法的責任を免れる場合であっても、事故を招いた自
責の念に苦しみ続けている人が存在している。体調不良や睡眠不足であ
る状況を知りながら運転をさせた場合、法的責任を問われる可能性も生
じることから、家族や親しい人の間でも運転を依頼する場合には注意が
必要である。

2　未成年の子どもが起こした事故の責任

(1)　事例10：児童が起こした自転車事故
　　　　　　　　　　　（保護者としての責任——その１）

　熊谷翔君（10歳）は、夏休み中のある朝、塾の夏期講習に行くために自転車で家を出た。今日は夏期講習１日目であるにもかかわらず、寝坊してしまった。夏休みに入ってから、夜は漫画を読んだり、ゲームをして遅くまで起きていることが多く、９時過ぎまでに起きることができなかった。家族は仕事ですでに家を留守にしていた。

　自転車で猛スピードで急げばギリギリ10時までには間に合うだろう。翔君は、できる限りの力を振り絞って自転車をこいだ。商店街の細い道を猛スピードで走行していたところ、突然、店の扉が開き、老人が自転車を押しながら出てきた。翔君は、この老人を避けることができず、自転車と老人に激突し、道路に弾き飛ばされた。翔君は、すぐに起き上がることができたが、老人は倒れたまま起き上がることができずに苦しんでいるようだった。警察や救急車が来て、あたりは騒然となった。

　翔君の両親が急いで病院に到着すると、はねられた老人は、意識ははっきりしているが、腰の骨を折っており、しばらく入院が必要ということだった。老人の家族は、高齢での骨折のため、このまま歩けなくなるのではないかということを懸念していた。被害者だけではなく、被害者の家族の生活にも大きく関わってくることである。衝突時の衝撃の強さからも、翔君が乗っていた自転車は相当スピードを出していたことは明らかである。翔君は、夏期講習に間に合うように急いでいたというが、あまりにも無謀な運転をしており、家族が交通規則を守るようにきちんと監督をしていたのかどうか、被害者家族は、家族の監督責任について裁判で明らかにしたいと述べている。

92　第３章　交通事故加害者家族の責任

⑵ 事例11：自転車に乗ることは当たり前なのか
（保護者としての責任――その２）

〈自転車に乗れない転校生〉

　後藤ゆりさん（40歳）は、田園の広がる地方で暮らしている。長女のえみりさん（10歳）は、学級委員を務めるなど学校や地域ではリーダー的な存在で、近所に引っ越してきた転校生の面倒を任されることになった。東京から転校してきたのは、藤原聡子さん（35歳）の長女、みゆきさん（10歳）である。みゆきさんは、えみりさんのクラスに転校してきたことから、２人は登下校をともにするなど、すぐに仲良くなった。

　夏休みのある日、えみりさんは、昆虫採集にみゆきさんを誘った。他のクラスメートと一緒に山まで自転車で行くのである。しかし、みゆきさんは自転車を持っていなかった。えみりさんが、兄の自転車を貸してあげるというと、みゆきさんは困った顔をした。東京の街中で育ったみゆきさんは、自転車に乗ることができなかったのだ。みゆきさんの両親は、自転車は危ないからと、子どもたちには買い与えない方針だという。

　この返答に、えみりさんは驚いてしまった。えみりさんが生活する地域では、遊びに行くのに自転車を使わないということは考えられなかったからである。子どもたちはみんな、自転車に乗って山や川、街まで遊びに行くのだ。自転車に乗れない子が友達と仲良くなれるはずがない。そこでえみりさんは、みゆきさんに自転車の乗り方を教えることにした。

　えみりさんは、自分の自転車で乗り方を教えると言い、翌日からみゆきさんへのレッスンを始めた。しばらくして、みゆきさんはゆっくりではあるが、なんとか補助がなくても自転車で進めるようになっていた。

〈自転車事故の発生〉

　そこでえみりさんは、クラスメートを誘い、みゆきさんを連れて自転車で山まで出かけることにした。みゆきさんは、母親から自転車に乗ることを禁止されていることから、自転車を買ってもらうことはできな

かった。そこで、でかけるときはえみりさんの自転車を貸すことにした。

　みゆきさんとえみりさんを含めて5人の子どもたちで山に行くことが決まった。当日、他のクラスメートは、まさか、みゆきさんが自転車を持っていないことなど気がつかなかった。子どもたちは日差しが照りつけるなか、いつも遊んでいる山に向かって自転車をこぎ出した。スピードを出せば出すほど向かい風が心地よい。いつの間にか、子どもたちはスピードを出していた。自転車に乗り始めて間もないみゆきさんは、もはや先頭を走るクラスメートが見えなくなるほど遅れていた。えみりさんは、時々、後ろを振り返り、みゆきさんの姿を確認していたが、目的地に近づいた頃には、みゆきさんの姿を失ってしまった。

　えみりさんは、みゆきさんが心配になり、来た道を戻り始めた。すると、遠くに救急車が見えた。まさかと思い近づいていくと、そばにえみりさんの自転車が倒れていた。救急車が走り去った後に、そばにいた大人に状況を訪ねると、女の子が乗った自転車が歩いているお年寄りにぶつかって2人とも倒れたのだという。

　えみりさんは、すぐに自宅に戻り、母親に事情を話した。母親のゆりさんは、すぐにみゆきさんの自宅に連絡をし、えみりさんと一緒に病院に向かった。

　病院に着くと、みゆきさんの母親の聡子さんは、ゆりさんに会うなり「一体、なんていうことをしてくれたんですか！」とすぐさま怒りをあらわにした。幸い、みゆきさんも、自転車でぶつかったというお年寄りもかすり傷だけですんだという。えみりさんがみゆきさんに自転車の乗り方を教えていたのは広い道路であり、平らな道路であれば運転ができるようになっていたが、舗装されていない農道を自転車で運転することはみゆきさんにとって容易ではなかった。フラフラとしていたところ、すれ違った老人に衝突してしまったという。

　ゆりさんは、聡子さんに対して、娘が勝手なことをしてしまったことを詫び、とりあえず治療費は自分が負担し、後日あらためて謝罪にうかがうことを約束した。

〈対立する転居者と地域の人々〉

　翌日、ゆりさんは、1人で藤原家に謝罪に行った。母親の聡子さんの怒りは、さらに激しさを増していた。藤原家では、安全の問題から、子どもたちに自転車やバイクは買わない方針だという。みゆきさんが通っていた学校でも、みんなが自転車に乗っていたわけではなく、特に不都合はなかったという。幸い大きな怪我ではなかったが、お年寄りを巻き込むことになり、みゆきさんの命を危険にさらしたとゆりさんを激しく非難した。今後、子ども同士を遊ばせることは不安である、ということだった。そして、事故の件に関して、裁判を起こすかどうか夫と検討すると告げられた。

　ゆりさんは、聡子さんの対応について、正直なところ腹が立った。娘の行動は、確かに不注意だったが、みゆきさんを仲間に入れようと努力したえみりさんの行動を完全に否定されたことには納得がいかなかった。何よりも、子どもを自転車に乗せないという方針が親として信じられなかったのである。

　事故による怪我人は軽傷であったが、救急車を呼ぶ大騒ぎとなったことから、事故の噂は瞬く間に広がっていた。事故当日、一緒に山に行ったクラスメートの保護者も事故の経緯を知りたがった。ゆりさんは、すべてのいきさつを、クラスメートの保護者に話した。すると、母親たちは、みゆきさんの母親である聡子さんの対応に、口をそろえて怒りをあらわにした。

　「むしろ、えみりちゃんがかわいそう」「自転車に乗れないって、子どもがかわいそうだよね」「田舎者扱いして失礼よね」などと、口々に聡子さんを非難した。そして、今後は藤原家とは関わらないようにしようという話になっていった。

　えみりさんは、聡子さんからみゆきさんと遊ばないでほしいと言われたことから、学校でも関わることは一切なくなった。人気者のえみりさんは問題はなかったが、1人になってしまったのはみゆきさんである。えみりさんは、1人になってしまったみゆきさんを可哀想に思いながら

も声をかけてあげることはできなかった。いつの間にか、みゆきさんは
学校を休みがちになり、秋が深まる頃には不登校になっていた。

〈地域の人々との関係修復〉

　ある日、ゆりさんのところに突然、聡子さんから電話が入った。早急
に話がしたいというので、裁判でも起こされたのかと緊張が走った。し
かし、菓子折りを持ってあらわれた聡子さんの様子は、想像とはまった
く違う様子だった。

　聡子さんは、まず、ゆりさんが謝罪に来てくれた際に、失礼な発言を
してしまったことを謝罪した。そして、自転車事故以来、家族は地域の
人から無視をされているのが辛いので、なんとか子どもだけでも仲間に
入れてもらえないか、とゆりさんに頭を下げて泣きながら頼んだ。

　聡子さんは、ゆりさんが地域の人に藤原家の人々を避けるような指示
を出したのだと考えていた。しかし、ゆりさんとしては、「指示を出す」
ようなことをしたつもりはなく、聡子さんたち家族が他の住人から無視
されているとは思いもよらなかった。

　夏祭りにみゆきさんが行きたいというので、クラスメートを何人か
誘ったところ、どこの家にも一緒に行くことを断られたという。地域の
さまざまな行事に参加しようとしたが、一緒に話をしてくれる人はなく、
いつも孤立することになってしまった。友人を作ろうとして、習い事を
始めようと申し込みをしても、「東京と同じようなレベルの内容は提供
できませんし、基本的に月謝の返金には応じられないので、もう一度よ
く検討してからでも……」などと明らかに入会してほしくないという
態度を何カ所でもとられたという。聡子さんが心を痛めたのは、娘のこ
とである。みゆきさんは、自転車に乗れたことを本当は喜んでおり、い
つか一緒にみんなで山に行きたいと思っていたのだ。不登校になってか
らも、自転車に乗りたいといつも話しているという。聡子さんはこれま
で都会での生活しか経験がなく、夫の転勤について行くかどうかとても
迷っていた。車の運転にも慣れていなかったことから、公共交通機関の

発達していない地域では不便に感じることが多く、東京に帰りたいといつも考えていた。しかし、娘のみゆきさんは、不登校になってはいるが、東京に戻るよりは、もう一度えみりさんたちの仲間に入って遊びたいと言っているという。えみりさんにはとても良くしてもらっていたことを母親の聡子さんに訴えていた。事故によって、えみりさんの自転車を壊してしまったにもかかわらず、謝罪をしていないことなどもとても気にしているという話だった。

　ゆりさんは、聡子さんからの謝罪を受け、2階にいたえみりさんを呼んで、えみりさんの意見を聞くことにした。えみりさんは、みゆきさんと遊んではいけないと言われていたことから話しかけることも悪いことだと思い込んでいたが、決して、みゆきさんを嫌いになったり、遊びたくないわけではないということを説明した。

　後日、聡子さんはみゆきさんを連れて後藤さんの家にあらためて謝罪に行き、みゆきさんとえみりさんは、以前のような友人関係を取り戻した。その後、みゆきさんは学校に通うようになり地域の人々の対応も徐々に変化してきた。藤原さん家族も、徐々に、地域の生活に溶け込んでいくようになった。

(3)　事例 12：未成年による飲酒運転事故 (保護者としての責任 —— その 3)

　鈴木愛子さん（39歳）は、長男の豊さん（19歳）を産んでまもなく離婚をし、シングルマザーとして子育てをしてきた。離婚に至った原因は、夫の暴力である。その後、何人かの男性と交際してきたが、豊さんにとって父親と呼べるような存在になる男性はあらわれなかった。寂しい思いをしていた豊さんは、小学生の頃からたびたび問題を起こすようになり、中学生の頃から暴走族に入るようになった。中学卒業後は家出をし、数年間は連絡が取れなかったが、1年前に突然、帰ってきた。失業し、住む家がなくなったことが理由だった。友人の紹介で、飲食店で

アルバイトをするということだった。豊さんは、これまで愛子さんに対して反抗的ではあったが、暴力を振るうようなことはなかった。しかし、最近では、朝から飲酒をするようになり、酔って愛子さんに暴力を振るうようになっていた。仕事に行くためにオートバイが必要だということで、愛子さんは仕方なく買い与えた。しかし、飲酒運転で事故を起こし、オートバイを破損してしまった。豊さんは、事故で怪我をしていた間は大人しく自宅で生活していたが、傷がよくなるとすぐに車がほしいと言い出した。出歩くことができない苛立ちを募らせた豊さんは愛子さんに暴力を振るい、自宅でしばしば暴れるようになったことから、愛子さんは自分の車を豊さんに与えるしかなかった。車を与えた後は、家庭での暴力行為は収まっていた。

　それからしばらくして、豊さんは飲酒運転による死亡事故を起こした。自宅で飲酒をしており、スーパーに買い物に行く途中の事故だった。被害者は20代の女性である。遺族の怒りは、加害者本人よりもその家族に向けられた。未成年による平日の昼間からの飲酒を放置し、これまでと同様の事故を起こしてきたにもかかわらず、親が車やバイクを買い与え続けていたからである。

⑷　検討：家族の監督責任

①　児童による自転車事故の責任[1]

　子どもが自転車に乗るというと、加害者より被害者になることを想定しがちであるが、近年、自転車事故の加害者に高額の賠償金を命じる判決が相次いでいる。神戸地裁平成25年7月4日判決[2]では、自転車を運転していた11歳の加害者の親権者に約9,500万円の賠償請求が認められ、世間の耳目を集めた。

　自転車は、道路交通法上は「軽車両」（道路交通法2条8号・11号）に該当することから、交通事故が起きた場合、道路交通法72条1項の緊急措置義務や事故報告義務等を負うことになる。自転車であっても、

ひき逃げなどによって罰せられることもある。被害者の賠償額は、怪我や後遺障害の内容から判断されることから、自動車による事故でも自転車による事故でも変わりはない。

事例10では、加害児童の責任能力が否定され[3]、親権者は、714条1項に基づく損害賠償請求を負う可能性がある。自転車の場合、保険加入を義務付けられていないことから、任意保険に加入していない場合、高額の損害賠償責任を負うことになる家族は経済的に破綻してしまうことにもなりかねない。こうした判決を受けて、兵庫県をはじめ、自転車保険を義務づける条例が各地で制定されている[4]。

自転車は免許制度がなく誰でも安価に利用できる乗り物であるが、自動車事故と同じ程度の被害を出しうる乗り物だという認識を持つ必要がある。さらに、子どもに自転車を買い与える以上は、家庭において、交通規則を遵守させるよう教育する必要があり、教育していない場合、自転車事故によって損害を発生させたときには、教育指導を行っていなかったことの責任を問われることもある[5]。

事例11の地域では、過去に自転車による事故は多々起きているにもかかわらず、住民同士の関係が密である地域性から、被害者が訴訟を提起した例はなかったという。しかし、被害者には裁判を起こす権利があり、そうした地域の暗黙のルールが永遠にまかり通るわけではないことに注意しなければならない。

② 未成年の飲酒運転による家族の監督責任

事例12の親権者は、未成年者の飲酒行為を黙認し、過去に飲酒運転による事故を起こしていることを知りながらも運転をやめさせるような行動を取ることなく、車やバイクを買い与え続けていたことから、親としての監督義務違反による事故として、民法709条による損害賠償責任を負う可能性のある事例である。

事故が起きた背景には、家庭内暴力と交通手段が少ない地域という事情が重なり、大惨事を招く結果となった。加害少年は、母親が家庭内暴

第1節　家族の責任とは何か　99

力を警察に相談することがないように心理的に拘束しており、このような関係性のもとで、第三者に助けを求めることは困難であったと思われる。さらに、家族を追いつめていたのは、経済的に余裕のない生活である。非正規社員という保証されない身分で朝から晩まで働かなければならず、子どもの問題に気がついていても、向き合う時間のない生活事情が存在した。

　このような家庭に、誰がどのように介入していくことができるのか。社会における大きな課題である。

3　持病のある家族が起こした事故の責任

(1)　事例 13：持病のある子どもが起こした事故

　関口康子さん（55 歳）の娘えりかさん（23 歳）は、ある朝、出勤途中に車中で発作を起こし、そのまま意識を失った。えりかさんの運転する軽自動車は、歩道に侵入し、通学中の小学生 1 人を轢いて死亡させた。えりかさんは、てんかんの持病があり、事故当日は薬を飲み忘れていたことが明らかとなった。

　母親の康子さんは、事故当日の朝のことが悔やまれてならなかった。えりかさんは両親と 3 人で同居している。交通の便が悪い地域で、通勤手段は自動車しかないことから、えりかさんは自動車で通勤していた。運転を始めてから 3 年以上が経つが、これまで事故を起こしたことは一度もなかった。医師から処方された薬をきちんと飲んでいれば発作は起きないことから、幼い頃から薬の服用については神経質なほどに習慣づけてきたつもりだった。数年前までは、家族一緒に朝食を取っており、薬の飲み忘れがないか康子さんが確認していた。しかし、えりかさんが仕事をするようになってからは、食事の時間帯も家族とは別であり、体調を気遣ってはいたものの、薬の服用については確認するようなことは

100　第3章　交通事故加害者家族の責任

していなかった。

　薬をきちんと服用さえしていれば発作は抑えられることから、運転には問題はないと思っていた。まさか、人命を奪う大事故を起こしてしまうことになるなどとは考えたこともなかった。被害者とその遺族には申しわけなくて言葉もない。えりかさんは刑事裁判で禁固２年の判決を言い渡された。

　康子さんは、遺族に対して、今回の事故の責任はすべて自分にあることを告げて謝罪をしていた。なぜなら、東京で就職したいというえりかさんを地元に引き留めたのは自分だったからである。康子さんは、えりかさんが東京で一人暮らしをすることが心配でならなかった。一人暮らしで生活が不規則になれば、病気にも良くないことから、結婚するまでは家族とともに地元で生活をしてほしいと説得したのである。本人の希望通り、東京での生活を応援していれば、日常的に運転する必要もなく、このような事故は起きなかったかもしれないということが悔やまれてならない。康子さんは、事故の原因を作ったのはあくまで自分であると考え、娘の代わりに謝罪をし続けている。

⑵　検討：同居人である家族の責任

　近年相次いだてんかん患者による交通事故を契機として、「改正道路交通法」と「自動車の運転により人を死傷させる行為等の処罰に関する法律」の２つの法律が施行された。これらの法律によって、免許取得や更新時の質問票に虚偽回答をして事故を起こすと罰則が科せられる場合があること、運転してはいけない状態であることを承知しながら運転し死傷事故を起こした場合、これまでより重い刑罰が科せられること、運転してはならないような状態で運転し続けている人を医師が公安委員会に届け出ることができるようになったことなど、てんかんのある人の免許取得や更新に関する制度が変わった[6]。

　宇都宮地裁平成25年４月24日判決[7]は、被告が、クレーン車を走行

第１節　家族の責任とは何か　　101

中に、てんかんの発作を起こして意識を喪失し、集団登校中の小学生の列に突っ込み、小学生6名がはねられ死亡した事故である。被告は、事故前夜に、抗てんかん薬を服用しなければ発作を起こす可能性があることを認識しながら薬を服用せずにクレーン車を運転しており、本件事故以前にも、自動車運転中のてんかんの発作によって人身事故を起こしていた。本判決が注目を集めたのは、成人である被告の責任能力が認められたうえで、同居人である被告の母親が責任を負うか否かが争われた点である。

　抗てんかん薬を服用しない状態で自動車を運転することを同居人である母親が抑止せず、事故回避のための措置を採らなかったという不作為について、母親がその作為義務を負っていたかどうかが問題となった。

　判決は、同居人である母親は「自動車運転の開始及びその継続について、加担行為[8]に加え、第三者に対してそのことが露見する機会を消滅させてきたことにより、処方された抗てんかん薬を処方どおりに服用しない状態での運転行為により生じる危険を引き受けたということができる」と述べたうえで、事故当日、母親が会社に発作が起きやすい状況であることを通報するなどの措置を講じていれば、事故の発生を回避することができたと判示し、母親の損害賠償責任を認めた。

　事例13では、家族は、加害者本人が薬を服用していない事実を知りうることができる状況にはなく、同居人である家族の法的責任は否定されると考えられる。しかし、母親である康子さんは、漠然とした道義的責任をどのように考え行動してよいのかわからず苦しんでおり、むしろ、家族としての責任が法的に明確になったほうが、被害者に対しても、加害者となった娘に対しても、気持ちが楽であると話しているのである。

4　認知症の家族が起こした事故の責任

⑴　事例 14：高齢の親が起こした事故

　高田隆さん（42 歳）の父親義夫さん（73 歳）は、運転する車のブレーキとアクセルを踏み間違えて飲食店に突っ込み、食事をしていた親子 2 人をはねた。母親は死亡、娘も重傷を負った。義夫さんは、1 年前、自宅付近で物損事故を起こしていた。このとき、認知症の疑いがあると診断され、事故以来、日常生活での運転は止めていたはずであった。

　義夫さんは、奥さんと 2 人で生活していた。昔から運転が好きだったことから、物損事故を起こす前は、夫婦でドライブに行ったり、車で買い物に出かけたりすることがよくあった。しかし、事故後、隆さんが運転を控えるように説得したことから、車で出かけることは止めていた。居住地から電車の駅まではそれほど遠くはないことから、義夫さん夫婦は、電車を利用するようになり、隆さんもその様子を見て安心し、車の処分までは考えていなかった。隆さんは、同居をしていたわけではなかったことから、実際、父親が車を運転したかどうか完全に把握することはできない。母親も、この日、夫が車で出かけていたとは知らなかった。父親は、病院に行った帰りのようであったが、事故当時のことは思い出せないようである。この事故で、父親も重傷を負い、認知症も進んだように思えた。話かけても無表情で、甚大な被害が出ているという認識はまったく感じられなかった。義夫さんより 1 歳年下の妻は、事件のショックで寝込んでしまった。

　そこで、被害者とその家族への謝罪は、息子の隆さんが代わりに行うことにした。隆さんは、遺族の自宅と入院中の被害者の病院にうかがい、謝罪を行った。義夫さんはすでに謝罪や償いができる状況ではないことから、被害者もその家族も怒りの矛先は、運転していた父親よりもその家族に向けられた。物損事故が起きた後、すぐに車を処分してさえいれ

ば事故は起きなかったのではないかと事故後の対応が不十分であった家族の責任を厳しく問い詰められている。

⑵　検討：家族の監督責任の範囲

事例 14 は、物損事故を起こした加害者が医師から認知症の疑いがあると告げられた家族は、長男が加害者である父親に運転は止めるようにと説得し、妻もまた同乗しないといった加害者に運転をさせないような行動を取っていた。加害者も納得のうえで、日常の交通手段を車から公共交通機関に変えるなど、車に乗らないような生活を送っていたはずである。家族は、加害者を信用しており、車の処分やキーの管理までは行わなかった。

　近年、認知症者の運転によって複数の人が亡くなる事故が起きており、事故は全国的に報道され、認知症者の運転に関する課題についての報道番組も多々特集されている。各自治体において、事故防止のために高齢者の免許返納を呼びかける動きも出てきているなかで、物損事故を起こした後、事故防止を徹底しなかった家族の不作為はどのように評価されるのか。

　高齢化社会のなかで、同様の事故が増え、徹底した事故防止を怠った家族の責任を問われる訴訟が相次いで提起されるようになれば、家族の責任が認められる余地がないわけではない。認知症者の家族への啓発も進んでおり、認知症者の運転については、事故を起こす以前から、家族が運転を止めるような対応をすることが当たり前であると評価されるようになった場合、運転手の事故歴や家族が医師から説明を受けたか否かといったその後の対応について、監督責任が厳しく問われる可能性も考えられる。

第2節　加害者家族の償い

1　家族としての償い

(1)　事例 15：親としての後悔からの償い

＜事故概要＞

　西日本のある県に暮らす加藤静江さん（60歳）の次男武さん（25歳）は、19時頃、酒に酔った状態で大型自動車を運転しており、大型自動車は帰宅途中の中学生が歩いている道路に侵入し3名の中学生をはねた。1名が即死、2名は重体となり翌日病院で死亡した。本件は、3名の死亡者を出す大惨事となった。

＜事故直後＞

　静江さんは、5年前に夫を病気で亡くし、事故当時は武さんと2人で生活していた。長男は、大学進学を期に地元を離れ、事故当時は海外で生活をしていた。武さんと同居していた静江さんの自宅には、事故直後、多くの取材陣が押しかけ、一時、地域は騒然となっていた。静江さんは、とにかく、身体が拘束されている武さんの代わりに、遺族に謝罪に行かなければならないと思い、警察官から伝えられた被害者の自宅にすぐさま向かった。

　3名の遺族のうち、最初に訪問した遺族は冷静に謝罪を受け入れてくれたが、次に訪問した遺族からは、今訪ねてくるのは不謹慎であると謝罪を断られた。それゆえ、静江さんは3件目の遺族宅にうかがうことを躊躇し、この日に謝罪ができた遺族は1件だけとなった。

第2節　加害者家族の償い　　105

＜武さんが死亡事故を起こすまで＞

　静江さんは、夫と2人で自営業を営んでおり、夫が亡くなった後は、武さんが手伝いをしていた。その後、しばらくして親子での経営は上手くいかなくなり、武さんは事故の1年前にある運送会社に転職した。

　刑事裁判では、武さんのこれまでの事故歴やそれを隠して就職していた事実が判明した。武さんは、過去に普通自動車で物損事故や人身事故を起こしていた。武さんは、事故当時アルコール依存症に近い状態であり、いずれの事故の背景にも飲酒が関係していた。

　加藤さん一家が生活する地域は、公共交通機関がほとんど機能していないことから、移動手段は自動車に頼らざるをえない。武さんは、死亡事故を起こす数年前、酒気帯び運転により、自転車と衝突する人身事故を起こしていたが、被害者が軽傷であったことを幸いとして、その後も飲酒運転を続けていた。静江さんは、武さんが大型自動車を運転することもあるという話を聞いたとき、大きな事故を起こさないか脳裏に不安がよぎったが、武さんが余計なお世話だと機嫌を損ねることを怖れて注意はしなかった。

　武さんは、酒に酔って静江さんに暴力を振るうことがたびたびあった。静江さんは、それでも、武さんが昼間は真面目に働いており、他人に迷惑をかけるようなことはなかったことから、身内への多少の暴力は仕方がないと諦めていた。静江さんは、車で帰宅する武さんが酒に酔っている雰囲気だったことを何度か目撃していたが、注意を促すようなことは怖くてできなかった。

　事故が起きる予兆があったにもかかわらず、同居人である家族が飲酒運転の事実を黙認してきたことが今回の大惨事を招いたとは考えられないか、刑事裁判のなかでも情状証人として証言した静江さんに対して厳しく責任を問われる場面があった。

＜頭を悩ませた遺族対応＞

　武さんが起こした事故によって3名の生徒が死亡しており、静江さん

は、それぞれの遺族に1人で対応しなければならなかった。最も頭を悩ませたのは、複数の遺族それぞれが静江さんに求める対応が異なったことである。

　事故直後の謝罪について、2件目に訪問した遺族からは、その時点での謝罪は不謹慎であると断られたことから、3件目の遺族への謝罪は控えることとした。しかし、3件目に訪問することを予定していた遺族から、翌日、自分の家にだけなぜ謝罪に来なかったのかと、責められることになった。

　静江さんは、できるだけ各遺族の意向に沿うようにと、それぞれの遺族に連絡を取り、謝罪を受け入れてもらえる時期や頻度などを確認していたが、保険会社から、各遺族への対応は一律にすべきだと言われ、しばらくの間、静江さんは直接遺族と連絡を取らないようにと伝えられた。その後、保険会社の指示によって、謝罪を中断したことが、遺族との関係をさらにこじれさせる結果を招いてしまうことになる。

　刑事弁護人との関係も良好ではなかった。静江さんは、弁護人から情状証人として証言することを求められ、証人を引き受けることにした。静江さんは、証言のなかで、親として反省すべき点を謝罪したかったが、弁護人からは不要だと判断された。静江さんは、息子を擁護するだけの証言は、被害者感情を傷つけるのではないかと考えたが、案の上、後に遺族宅へ訪問した際に、遺族から感情を害したと責められることとなった。さらに、刑事裁判では、武さん本人も謝罪の手紙を各遺族宛てに送っていたが、内容は同じで、各遺族の現状をまったく理解していない様子が明らかとなり、さらに遺族を怒らせる結果となった。

＜勾留されている息子との関係＞

　武さんが起こした事故は、地域のニュースや新聞で連日報道され、経営していた店を畳まざるをえなくなってしまった。武さんと静江さんが住む地域は小さな町だったことから、多くの人が事故のことを知っており、再就職にあたって、面接の申し込みさえできないこともあった。自

宅から離れた土地でなんとか仕事を見つけることができたが、加害者家族であることが周囲にわかってしまった場合のことを考えると、いまだに不安がぬぐえない。そうした不安を抱えながら、慣れない仕事を覚えていくことは数々の困難を要した。

　事故後、静江さんは定期的に面会に通っていたが、武さんから謝罪の言葉を受けることは一度もなかった。社会にいる加害者家族がこれほど辛い思いをしているにもかかわらず、塀の中にいる加害者は何も知らず、極楽とんぼのように見えた。会話をすれば、お金や雑誌などの差し入れの要求ばかりだった。衣食住は保障されており、遺族の怒りや涙に触れることもない。このような塀の中と外とのギャップのなかで、静江さんは加害者である息子に対して憎しみを覚えることさえあった。二度と会いに行くのは止めようかとも思ったが、このまま息子を放置してしまうことは、親としての責任を放棄するように思えてできなかった。

＜判決確定後の遺族への謝罪＞

　武さんは、懲役5年の刑を受けて服役することとなった。その後、民事訴訟を提起されたが、静江さんは、保険会社からすべて代理人に任せるようにと伝えられ、一度も法廷に行くことはなかった。気がかりだったのは、事故直後に、謝罪を約束した遺族がいるにもかかわらず、このまま何もせず、保険会社に任せておいてよいのかということであった。静江さんは、謝罪が中断していることを悩んではいたが、しばらく連絡を取っていない遺族に急に連絡をしてよいものかどうか思い悩んでいる間に、民事裁判の判決も確定し、数カ月が経過していた。

　あるとき、自宅の郵便受けに、遺族の1人と思われる方の名前で手紙が届いていた。その手紙には、謝罪に行くと告げながらも一度も自宅に来なかったこと、刑事裁判でひたすら息子を擁護するだけの証言に違和感を覚えたこと、民事裁判に一度も来なかったことなど、被害者へのあまりに不誠実な対応に堪忍袋の緒が切れたという内容が綴られていた。静江さんは、この手紙をきっかけとして、あらためて、それぞれの遺族

に謝罪に行くことを決意した。

　ある遺族からは、今後一切の関わりを断ちたいということを告げられ、謝罪は拒否された。

　謝罪を受け入れられた２つの遺族からは、これまで謝罪がなかったことについて、事故直後に謝罪をしたとき以上の激しい怒りをぶつけられることになった。静江さんは、謝罪が中断するに至った経緯を保険会社や弁護士のせいにするわけにはいかずに、ただひたすら平謝りするしかなかった。

　それから静江さんは、月に一度、それぞれの被害者の自宅に謝罪に行くことを続けた。遺族の対応は回数を重ねるたびにだいぶ穏やかになり、亡くなった被害者の子どもの生前の様子が語られることがしばしばあった。このとき、静江さんは、加害者家族として申しわけないという強い自責の念を感じると同時に、遺族ひとりひとりの亡くなった子どもを思う気持ちの強さに、自分のなかに眠っていた子どもを思う親としての感情が蘇ってくるような瞬間があった。

<息子との対峙>

　静江さんは、遺族から、加害者の親としてこれからすべきことは何か、よく考えてほしいと言われた。そして、そのうえで、自分が果たすべき償いについて考えてほしいという提案があった。

　加害者の親としての責任とは何か。静江さんは、これまで向き合ってこなかった次男との関係を思い出していた。

　武さんは、結婚してから10年後に生まれた次男で、長男と比べると手のかかる子どもだった。夫婦で店を始めたばかりの頃は、経済的に余裕がなく、夫婦喧嘩も多かった。腕白な武さんに対して、仕事で忙しい静江さんは、煩わしさから手を上げることもしばしばあった。長男は両親の言うことをよく聞き、勉強もよくできた。静江さんは、次男が問題を起こすたびに、長男にできたことがなぜ次男にはできないのかといつも考えるようになっていた。武さんは、進学や就職も希望通りには行か

第２節　加害者家族の償い　　109

ず、兄への劣等感と差別をされて育てられた屈辱感から、20歳前後から時折、母親に暴力を振るうようになっていた。家庭内暴力は、父親が病死してからひどくなっていった。機嫌の悪いときは深酒をするようになり、母親に暴力を振るった。子育てを振り返ると、当時は虐待をしていたとは思っていなかったが、今では息子に虐待されたと言われても仕方がないと考えていた。

　長男は、弟はすでに成人しており、今回の事故で家族にまで多大な迷惑をかけたのだから、家族として縁を切るべきだといい、手紙を出すことさえなかった。しかし、静江さんは母親として、出所後も武さんを支えていく決意をした。

　静江さんは遺族の1人から、アルコール依存症の会があるという情報を受け、すぐに連絡をし、アルコール依存症の家族会の定例会に参加することにした。定例会では、自分と同じような経験を有する家族の体験を知ることによって、初めて自分の問題に気がつくことができた。これからの武さんとどのように関わっていけばよいのかという手がかりを得ることができた。

＜親としての償い＞

　静江さんは、遺族から課題として問われていた加害者の親としての責任と被害者への償いについて、自分なりの答えを出すべき時期に来ていた。謝罪を受け入れている遺族たちが、静江さんに求めたことは、「謝罪の継続」と「加害者の監督」である。

　謝罪の継続
　・月命日には事故現場に献花し手を合わせてほしい。
　・月命日にはお墓参りをしてほしい。

　加害者の監督
　・加害者が二度と同じ事件を起こさないように監督してほしい。

・加害者の更生の様子を家族として定期的に伝えてほしい。
・加害者には、わずかなお金でも、反省の気持ちとして毎月振り込んでほしい。
・加害者が出所したら、命日には必ず事故現場に手を合わせ、墓参りに行くことを勧めてほしい。

　事件直後、遺族からは死んで償ってほしいという言葉もぶつけられたが、１年以上が経過し、徐々に穏やかに話し合いができるようになってきた。気持ちとして、加害者本人に刑務所内で稼いだ報奨金などから定期的に遺族に振り込みをしてほしいという申し込みがあったが、加害者は２つの家族に送金できるほど十分な金額を持ってはいないことから、社会復帰するまでの間、静江さんが毎月振り込むことにした。
　結果として、静江さんが加害者家族として続けている償いは以下のとおりである。

・月命日に事故現場で手を合わせ献花をする。
・武さんに代わり、毎月一定の金額を遺族の口座に振り込む。
・月命日にお墓参りに行く。
・毎月必ず刑務所に面会に行き、遺族宛てに更生の様子を手紙で伝える。
・加害者が再犯しないように、アルコール依存症と家族のあり方について学ぶ。

　武さんは、アルコール依存症の可能性があり、静江さんも母親として、また同居人として、アルコール依存症の家族会に参加し、更生の支え手となるために何が必要なのか考え、被害者と約束した償いを続けている。

⑵　事例 16：子どもに代わっての償い

〈居眠り運転による死亡事故〉

　高木好子さん（59歳）の次男幸次さん（28歳）は、居眠り運転により、25歳のオートバイを運転していた男性と衝突事故を起こし、相手を死亡させてしまった。公務員だった幸次さんは、自動車運転過失致死罪で起訴され、失職することになった。この事故は、幸次さんとその家族の生活にも大きな影響を与えた。

　幸次さんは、自分の運転によって人が亡くなったという取り返しのつかない事態への自責の念と、将来への不安と絶望に襲われ、事故直後から自殺を考えるようになっていた。釈放後、自宅の風呂場で首を吊ろうとしたこともあり、母親の好子さんが発見したことによって助かっていた。

　事故から数カ月間、幸次さんは非常に精神が不安定であり、母親の好子さんは、対応に苦労した。

　幸次さんは自殺未遂などの危険な行為をしていた経緯もあり、遺族への対応は、弁護人と母親の好子さんが行っていた。被害者の家族は、昨年、子どもが生まれたばかりで、被害者の妻あゆみさん（22歳）の悲しみは深く、加害者側に対して激しい憎悪感情をぶつけられることもあり、弁護人も好子さんも対応にあたってはとても苦労していた。それでも、誠心誠意、一生をかけて償いをしていきたいという幸次さんと好子さんの気持ちを伝え続けることによって、遺族の対応にも変化が見えてきた。

　被害者遺族は、加害者が刑務所に入ることによって、自分たちにもたらされるメリットはないと感じており、むしろ、社会のなかで、月命日に現場で手を合わせるような贖罪行為を期待したいと言っていた。弁護人の話によると、遺族としての意向は、検察官にも伝えたいと話していたという。

　幸次さんにしても好子さんにとっても、実刑判決はどうしても避けた

かった。幸次さんは、事故直後から遺族への謝罪の手紙を書いており、弁護人を通して遺族に送っていた。その思いは遺族に伝わっており、徐々に憎しみよりも更生を応援するような言葉が多くなり、その心情は確実に変化しているように思われた。

〈かつて「加害少年」だった被害者〉

　母親の好子さんも、幸次さんの精神状態が落ち着き、ようやく微かな未来が見えてきたと感じていたころ、ある情報をきっかけとして、幸次さんの更生への態度が 180 度変わってしまう事態が起きた。

　幸次さんは、被害者遺族に手紙を書こうと思い、自分と年齢が近い被害者が生前どのような人物であったのか知りたいと考えた。弁護人や好子さんから、遺族についての話を聞いていたが、被害者自身のことについてはほとんど情報がなかった。幸次さんは、何か情報が得られることを期待して、インターネットに被害者の名前を入れて検索してみた。すると、検索結果から思わぬ情報が浮上したのである。

　被害者は、少年時代に集団暴行によって傷害致死事件を起こした犯人の 1 人であるという情報が出てきた。ネット上では、氏名と生まれた年、通っていた中学校や高校、ぼかしの入った顔写真が掲載されていた。写真に写っているバイクは、事故当時被害者が乗っていたものではないかと思われた。被害者に関するさまざまな書き込みから、被害者は暴力的で怠惰な人物であると思われた。幸次さんは、翌日から事件に関する当時の新聞を調べるなどして、被害者が本当に犯人グループの 1 人であるのか自分なりに調査を始めた。

　幸次さんは、好子さんや弁護人に対して、もし本当に被害者が少年事件の犯人であったとしたら、これまでの謝罪は撤回したいと言い出した。事件のことを知った幸次さんの怒りは凄まじかった。幸次さんは正義感が強く、普段から、罪を犯した少年に対する処罰が軽すぎることに大きな怒りと疑問を感じていた。幸次さんは成人していることから、過失による事故であっても実名報道され、仕事を失い、社会のなかで家族にも

肩身の狭い思いをさせる結果となってしまった。そして、刑務所に送られるかもしれない。一方で、被害者が関与していると思われる少年事件は、複数による暴行によって人が亡くなっており、故意による残虐な事件であるにもかかわらず、犯人たちの氏名は伏せられ、何事もなかったかのように生活をしていると思うと怒りが込み上げてきた。

　幸次さんは、遺族と面会して被害者の犯歴について確認したいと言ってきかなかった。好子さんは、このとき、慌てて WOH に連絡を取った。公判期日が確定し、ようやくここまで来たにもかかわらず、まさかこのような事態になるとは思わず、さらなるトラブルを抱えてしまったことに好子さんはひどく落ち込んでしまった。

　筆者は、幸次さんと直接話をし、これまでの好子さんの遺族対応への努力と現在の気持ちについて、幸次さんに理解してもらおうとした。しかし、幸次さんの態度は揺るがなかった。母親と弁護人に多大な迷惑をかけ、努力を台無しにしてしまうことも理解できるが、この点だけは、人生をかけても譲れないとまで言うのである。

　弁護人は、遺族に会って話をすれば幸次さんも考えが変わる可能性があることから、とにかく幸次さんを遺族宅に連れていくと話していた。弁護人は、幸次さんは常識的な人であり、実際、遺族と面会すれば自然とお詫びの言葉が出てくるだろうと考えていた。しかし、好子さんは、幸次さんの様子を見ていて弁護人と同じような考えには至らなかった。すべてを破壊するようなひどい言葉を投げつけるのではないかと考え、遺族宅には行かせたくないと考えた。筆者も幸次さんと話した感触では、好子さんの意見に同じだった。弁護人としては、裁判まで時間がないことから、やや焦っているようであった。今の状態で遺族と面談すれば、さらなる二次被害が引き起こされるのではないかと思われた。

〈遺族との衝突〉

　被害者遺族は、幸次さんから直接謝罪を受けることを待ち望んでいた。好子さんや弁護人に対応しているのは被害者の妻あゆみさんであり、3

歳の息子と8カ月の娘をあやしながらの対応だった。3歳の息子は、父親が亡くなったことを理解できておらず、夕方になると「パパ、パパ」と父親を求めるのである。この様子に、好子さんや弁護人は胸を痛めていた。被害者が過去にどのような罪を犯していたとしても妻子には関係がなく、この親子の姿を見たとしたら、きっと幸次さんの考えは変わるのではないかと弁護人は考えた。今回の事故の原因は100%幸次さんにあり、きちんと謝罪を行い、罪を償う姿勢を見せていかなければならない。弁護人は、自分が犯してしまったことの罪の大きさを理解するためには、幸次さんが遺族と話をすることが必要だと考えていた。

　しかし、訪問日当日、やはり二次被害が生じてしまったのである。幸次さんは、弁護人には訪問する意図を隠していたが、遺族と会うや否や、これまでの謝罪は撤回したいと言い出した。あゆみさんは、幸次さんの態度にただ驚くばかりだった。幸次さんは、止めようとする弁護人の言葉を遮るように、過去の事件についてあゆみさんに問いただした。

　あゆみさんは、夫の過去について自分も知ったうえで結婚したことを認めた。「事件のことは本人から聞いているし、夫は犯罪については少年院に行って償った」と言った。この言葉に幸次さんは怒り出し、さらにあゆみさんに食って掛かろうとしたところ、弁護人がなんとか止めて、遺族宅を後にした。

　幸次さんが自宅に戻ってくるまでの間に、心配しながら自宅で待機していた好子さんのもとにあゆみさんから抗議の電話が入っていた。好子さんは、心配したとおりに、幸次さんがさらに遺族を傷つけ、幸次さん自身の立場も不利にしてしまったことを嘆いた。

　好子さんは、自分も女手ひとつで子育てをしてきたことから、遺族のあゆみさんに対してとても同情的だった。亡くなった夫が過去に罪を犯していたとしても、妻子には関係のないことであり、謝罪する気持ちは変わらなかった。あゆみさんと好子さんとの間では信頼関係が築かれており、好子さんは、翌日すぐに息子の発言に対する謝罪に向かった。

　好子さんは、絶望的な思いで遺族宅に謝罪に行ったが、思っていたよ

りあゆみさんは冷静で、実刑判決は望まないことに変わりはないことを告げた。母親としての好子さんの思いに免じて幸次さんの発言については許したいと言っていた。

しかし、幸次さんは納得がいかなかった。犯罪者の家族に頭を下げるくらいなら、刑務所に行く方がましだといってきかなかった。裁判では、たとえ刑が重くなったとしても、被害者の犯歴について一言言いたいと言い続けていた。幸次さんの激しい怒りと頑なな姿勢には好子さんも弁護人も困り果ててしまった。

＜過失犯としての苦悩＞

筆者は、幸次さんと面会をする機会を作ることにした。その間、母親の好子さんは、あくまで加害者家族として、被害者遺族のもとに謝罪に行くことを続けた。

幸次さんの怒りは、筆者にも向けられた。筆者は、加害者家族として好子さんからの相談を受けてきたが、幸次さんがまず主張したのは、好子さんを「犯罪者の家族」として扱わないでほしいということだった。好子さんは、事故に加担したわけではなく、幸次さんが起こした事故の原因は家族の育て方に原因があると考えられるようなものではないことから、他の犯罪者の家族と同じカテゴリーに入れられることは許せないと主張した。そして、さらに、被害者が過去に起こしていた少年事件の背景には、親の責任が存在するのではないかということや、そのような環境で育った人間が、適切な子育てを実現できるのかという怒りと疑問をぶつけた。

幸次さんは、とても真面目で努力家である。今回の事故で、仕事を失ったショックは計り知れないものだった。幸次さんは、加害者としての無念の思いを誰にも受け止めてもらえないことに苛立っていた。事故が起きてから、母親の好子さんも弁護人もよく動いてくれたとは思うが、口をつけば出てくるのが反省や謝罪であり、遺族の反応ばかりに気持ちが向いていることに腹が立つことがあった。一瞬の気の緩みによって、人

の命を奪ってしまった罪悪感の深さを誰も理解してくれないことが辛かった。

　そのような感情のなかで、被害者の過去を知ったときは、やるせない思いが込み上げてきた。被害者も過去に人を殺しており、集団による暴行という卑怯かつ残虐な手段であったにもかかわらず、自分だけ、なぜこれほど苦しい思いをしなければならないのかという思いがどうしても払拭できなかった。

　こうした幸次さんのなかにある「不条理」という感情に寄り添うことによって、少しずつ、被害者への怒りが収まってきた。幸次さんの怒りのなかには、社会復帰への不安も存在した。執行猶予判決を得ることができたとしても、再就職への不安は拭えなかった。いっそのこと、受刑者として刑務所で生活した方が、家族に迷惑をかけずにすむのではないかと考えるようになっていた。そうした行き場のない怒りが、被害者の犯歴を知ることをきっかけとして爆発したのである。筆者は、遺族宅で会った子どもたちのことを話題にしてみた。犯罪者かどうかは社会が決めることで子どもの目線からすれば、父親であることに違いはない。幸次さんは、この話題をした瞬間、表情が変わった。幸次さんは、父親のいない生活を自分も経験しており、このとき初めて遺族に対して心から「申しわけない」という言葉が出た。

　事故直後から、幸次さんのために一生懸命動いてくれた好子さんのためにも、裁判であからさまな被害者への批判は控えた方がいいことを話すと納得してくれた。

　裁判では、被害者感情を逆なでするような発言は一切なかったが、被害者や遺族に対する謝罪の言葉も口にすることはなかった。謝罪の対象は、あくまで迷惑をかけた家族と同僚などであった。裁判官から「被害者や遺族に対してどのように考えているか」と質問されたところ、「申しわけないと思うべきだと思います」と答え、弁護人と好子さんはヒヤヒヤする場面もあったという。情状証人として母親の好子さんが出廷し、息子は未婚で子育て経験がないことから遺族の心情理解が不十分であ

り、また対応してくれる遺族が女性であることからも、しばらくは息子の代わりに贖罪行為を行う旨を証言した。好子さんは、あゆみさんと信頼関係を築くことができており、息子が被害者の過去に対する怒りを収めていないこともあらかじめあゆみさんに伝えていた。あゆみさんが傍聴に訪れた際に傷つかないように、裁判では、遺族に対して失礼な言葉も出てしまうかもしれないこともすべて話していた。あゆみさんは、状況を理解して裁判所にはあらわれなかった。

　幸次さんは、執行猶予付き判決を受けることができた。法廷で供述したとおり、1日も早い社会復帰によって迷惑をかけた人々に恩返しをするということは実現したが、やはり被害者に対しての贖罪行動は一切取っていない。

　母親の好子さんは、法廷で証言したとおりに、被害者のお墓参りに定期的に行き、あゆみさんとの交流も継続している。遺族宅を訪問した報告は、幸次さんに伝えており、幸次さんもいつか、被害者と関係修復をしてくれることを心の中で願っている。

⑶　事例17：償いとしての被災地支援

〈まさかの飲酒運転による死亡事故〉

　関東在住の中村妙子さん（55歳）は、夫の雅史さん（65歳）と2人で生活していた。中村さん夫妻は、東北地方で暮らしていたが、東日本大震災の津波で被害に遭い、自宅も職場も失ってしまった。震災以降、夫婦は、長女が暮らす関東地方に移り、妙子さんはパートをしながら生活をしていた。雅史さんは、妙子さんとの結婚は再婚であり、前妻との間に子どもが2人いた。雅史さんはその長男を、震災で失ったのである。雅史さんの落ち込みはひどく、一時期は鬱状態で、回復してきたと思った頃には、アルコールに依存するようになっていた。被災地に住み続けることは、悲劇を思い出すことから良くないのではないかと、長女の理花さん（30歳）は自分の家族が生活する関東に両親を呼び寄せた。移

住してから、雅史さんは積極的に孫の面倒を見るようになり、精神状態は落ち着いているように思われた。妙子さんは、昼間は飲食店でパートをする生活だった。

　ある日の夜、妙子さんのもとに、雅史さんが交通事故を起こしたという知らせが届いた。妙子さんが病院に駆け付けたときにはすでに雅史さんは息を引き取っていた。妙子さんと理花さんが衝撃を受けたのは、事故の理由を知らされたときである。雅史さんは、事故の直前、飲食店でビールや焼酎など大量のアルコールを飲んでいたことが判明しており、泥酔状態で車を運転し、乗用車に衝突したということだった。衝突された車の運転手も重体だという。雅史さんが飲酒していたと思われる飲食店の駐車場を出てすぐの交差点で起きた事故だった。妙子さんと理花さんは、雅史さんを失ったショックと同時に、あまりにひどい態様の事故に愕然とした。妙子さんのもとには、親戚中から事故の説明を求める電話が入り、悲しんでいる余裕などない状況だった。

〈加害者家族としての辛い日々〉

　その日のニュースや翌日の地方紙によって、悪質な飲酒運転による人身事故との報道が行われており、妙子さんと理花さんは、肩身の狭い思いで生活をすることを余儀なくされた。

　事故から数日後、被害者の運転手が死亡したという知らせが届いた。享年65歳で、偶然にも雅史さんと同じ年齢だった。妙子さんは、遺族のもとに一刻も早く謝罪に行かなければと考えたが、警察の話によると、遺族は加害者側と連絡を取ることを拒絶しているという話だった。

　妙子さんと理花さんがまず対応を迫られたのは、理花さんの夫の親族である。家族として、今回の事故の責任をどのように取るつもりなのかと怒りは収まらなかった。理花さんの夫の両親は、理花さんの存在は夫に悪影響であることから離婚してほしいと告げた。理花さんの夫の胸中も非常に複雑だった。小さな町で、事故のことはすぐに職場にまで広まっていた。名指しで責められるようなことはなかったが、管理職という立

第2節　加害者家族の償い　119

場にあるにもかかわらず、身内から犯罪者を出してしまったという恥ずかしさから、これまでのように堂々と仕事ができなくなっていた。そうした社会的な後ろめたさから、家庭では妻にどうしてもきつく当たるようになっていた。これまで雅史さんが面倒を見ていた5歳の娘は、理花さんの夫の両親が面倒を見ることになった。事故の後、理花さんと夫との関係は悪化するばかりだった。

　事故から数カ月後、理花さんは夫と離婚することになった。娘の親権は夫が持つことになった。事故後、理花さんは精神的なバランスを崩しており、養育は難しい状況にまで追いつめられていた。父親を失った悲しみを癒す場所はなく、夫の親族からは「犯罪者の親族」と罵られる毎日だった。最初は同情的だった夫も次第に家に帰って来なくなり、夫婦関係は完全に冷え切ってしまった。このような環境で、娘が健全に育つことは無理だと思われた。理花さんは、離婚を受け入れ、家族から身を引くことがせめて自分が家族のためにできる唯一のことだと考えた。

　飲酒運転を起こした加害者家族への周囲の対応は厳しかった。妙子さんが勤務する飲食店にも噂が広まり、妙子さんは他の職員から口を聞いてもらえなくなってしまった。そのような環境で仕事を継続することは難しく、転職を考えたが、小さな町で加害者家族を雇ってくれるところはなかった。自宅には、「殺人犯の家族は死刑！」といった紙が投げ入れられることもあった。

　理花さんが離婚した後、理花さんは妙子さんと同居するようになっていたが、未来が見えない生活のなかで、2人は心中を考えるようになっていった。理花さんは自宅でほぼ寝たきりの生活、妙子さんも仕事を探すことに疲れ、家に引きこもるようになっていった。2人は食事の準備すらしなくなり、自然に死を待つだけのような生活になっていたある日、1本の鳴り止まない電話に妙子さんは受話器を取った。

〈遺族からの連絡〉

　電話の相手は、被害者の遺族だった。被害者の妻である松本道子さん

（65歳）は、中村さんの家族と一度面会をしたいと穏やかな口調で告げた。妙子さんは、翌日すぐに理花さんと一緒に松本さん宅にうかがうことにした。

　対応してくれた妻の道子さんは、妙子さんと理花さんを丁寧に迎えてくれた。松本さんは、「事情はだいたい、周囲の人からうかがいました」と切り出した。中村さん家族が被災地から転居してきたことや、加害者の雅史さんが震災で長男を亡くしていること、事故後、さまざまな社会的制裁に遭い、苦しんできたことなど、加害者家族の事情をすべて把握していた。さらに、中村さん家族にとって初めて知った事実もあった。事故の日は、雅史さんの長男の遺体が発見された日であり、雅史さんにとって長男の事実上の「命日」だったのだ。

　事故の日、なぜ雅史さんが車で出かけ、飲酒をしてあのような事故を起こしてしまったのか、妙子さんや理花さんは、加害者家族という批判にさらされ、そのことを考える余裕がなかったことに気がついた。

　事故の日、雅史さんは、亡くなった長男の墓参りをしてきた帰りだということが、雅史さんの前妻の証言からわかっていた。1人で墓参りをしてきた帰り道、雅史さんはいろいろな思いが頭をめぐっていたのだろう。雅史さんが飲酒をしていた飲食店の店員は、雅史さんが泣いていたことを覚えていたという。

　被害者の松本さん家族もまた、震災を期に移転してきた住民だった。中村さん家族が住んでいた地域とは異なる県であるが、震災で自宅と両親を失っていた。松本さんは、事故の報告を受けたときは、なんて無責任な人間に夫を殺されてしまったのか、怒りで気が狂いそうだった。また、加害者側は普通の家族ではないかもしれないと思い、接触するのが怖い気がしていた。夫を失った悲しみのなかで、徐々に事故がなぜ起きたのかということを知りたいと考えるようになったという。警察からも事情を聞き、雅史さんが入った飲食店を訪ねたこともあった。小さい町ゆえに、人を辿るといろいろな情報が入ってきた。

　松本さんは、雅史さんが事故の当日に訪ねていた長男の墓がある墓地

まで車で旅をした。松本さんは、震災で家族を失った人のやるせなさは痛いほどよく知っている。おそらく事故当日の雅史さんは、正気ではいられないような精神状況にあったのだと考えるようになっていった。犠牲になった自分の夫はとても可愛そうだが、心優しい人柄だったことから、夫であれば、雅史さんの心を理解し、事故のことも許すに違いないと考えるようになった。

妙子さんと理花さんは、松本さんの話を聞いて涙が止まらなかった。これまで周囲から殺人犯の家族と呼ばれ、冷たい仕打ちばかり受けてきたが、自分たちの状況や心情を最もよく理解してくれる相手が遺族だとは思いもよらなかった。

妙子さんは、加害者家族として、松本さんに償いをしたいと申し出た。現在、仕事を辞めてしまったので十分な金額ではないが、謝罪の気持ちとしてお花代やお線香代をせめて負担させてほしいと言った。

松本さんは、中村さん家族の意向を受けて、少し考えた後、「そのようなお金は被災地に寄付をしてほしい」と言った。松本さん夫妻は、転居した後もたびたび被災地を訪れていた。本当は、故郷にずっと住み続けたいと願っていた。体調の良いときは、さまざまな被災地をめぐり、わずかな金額であるが復興のために寄付をしていた。亡くなった松本さんの願いは、1日も早い被災地の復興だった。もし、中村さん家族が協力してくれるのならば、復興支援に協力してほしいということだった。

妙子さんと理花さんは、松本さんの思いを受けて、震災前の地域に戻ることを決意した。昔住んでいた地域に戻って、被災地の復興のために何かをしたいと考えた。

事故から1年後、妙子さんと理花さんは、震災のあった地域で生活している。以前交流のあった住民は、中村さん家族を温かく迎えてくれた。妙子さんと理花さんは、仕事の合間に被災地でのボランティア活動を行い、その様子を写真に残し、松本さんに毎月送っている。

2 償いとは何か

(1) 謝罪と償い

　謝罪をする加害者家族をそばで見ていると、時折、哀れに思うことがある。しかし、償う加害者家族の姿はどこか凛としていて、人としての尊厳を感じるのである。

　重大事件では、報道陣に囲まれ神妙な面持ちでうつむいたまま謝罪をする加害者家族の姿が報道されることがある。こうした報道は多くの場合、事件直後の捜査段階であり、家族もまだ事件の真相を十分理解できていない可能性がある。つまり、家族として事件に関してどのような責任があるのかその所在は明確になってはいないと考えられる。このような状況下での、具体的な責任に踏み込んだ謝罪ではなく、世間を騒がせたことに対する形式的な謝罪と解される。家族が事件を起こしたことが事実であり、報道陣からマイクを突きつけられれば、多くの人は事情がわからない状況でも謝罪せざるをえない[9]。

　本書で紹介している事例からわかるように、加害者家族が被害者に謝罪する場面は、一度きりに留まらない。事故直後、裁判、判決確定後と継続されるものであり、謝罪の内容も明らかとなってきた事実によって変化している。過失犯の場合、被害者との間に特別な事情が存在しない限り[10]、加害者として謝罪を拒むというケースは少なく、加害者本人の謝意を基本として家族も謝罪を行う。謝罪をしているか否かは判決にも大きく影響することから、裁判までの謝罪を裁判戦略と解されても無理もないことである。

　刑事裁判の判決確定は、加害者家族にとって、ひとつの大きな区切りである。事故に対する社会的判断が下るまでは、加害者家族の意識も社会に向いており、心の焦点を完全に被害者や事故によって傷ついた人々に合わせることができる環境にはない。判決が下ることによって関係者

は去っていき、社会は事故を忘れていくなかで、なお残る罪責感とようやく対峙できるのではないかと考える。

　空気を読んだ反応としての謝罪ではなく、内面から湧いてくる謝意からの謝罪、減刑のような社会的メリットを意識せずとも自然と行動としてあらわれる謝罪の積み重ねが償いなのではないだろうか。

(2)　道義的責任（人としての責任）とは何か

　償いとは、個人のなかにある道義的責任の解釈から導かれると考えられる。道義的責任について何から考えればよいのか、以下、順に検討する。

①　事故が起こった原因は何か

　事故はなぜ起きてしまったのか。一瞬の気の緩みだったのか、体調管理が甘かったのか、過去に同様の事故を起こしていなかったかといった原因を考える必要がある。家族の責任についても事故原因から導かれるはずである。

　事例 15、事例 17 は、背景にアルコール依存症が存在している。**事例 17** は、震災で息子を亡くしたことを理由として始まっており、再婚後の家族としては介入しにくい問題であった。**事例 15** の加害者は、優秀な兄弟と常に比較されて育ち、その劣等感を克服できずにアルコールに依存し、暴力によって家族を支配するようになっていた。母親は、事件後、子育てを振り返り、依存症の原因は自分の子育てにあると考えるようになった。

②　あなたの責任とは何か

　事例 15、事例 16 はともに、親としての責任からの償いである。**事例 15** は、事故の原因となったアルコール依存症に息子が至った原因は、自分が幼少期に与えた虐待であるという結論に至った。一方、**事例 16** は、一瞬の気の緩みから引き起こされた事故であり、事故原因に関し

て家族は無関係である。加害者の母親は、息子への愛情と、夫や父を亡くした被害者の苦しみに共感したことから、被害者の前歴を理由として謝罪を拒む息子の代わりに償いをする責任を引き受けるに至った。**事例17** も、事故原因と家族は無関係であるが、被害者との交流から、償いの使命が生まれている。

③　責任をどのように果たすか

「①事故が起こった原因は何か」「②あなたの責任とは何か」という問いから、誰に対する責任なのかということも導かれるはずである。被害者やその家族に対する責任はもちろんのこと、**事例15** で母親の静江さんによる償いは、加害者本人に対する責任という意味も含まれる。迷惑をかけてしまった社会に対する償いとして、ボランティアや慈善事業を行う人々もいる。

　責任をどのように果たすかについては、償うべき相手が明確であるならば、**事例15**、**事例17** のように相手に対して提案をし、了解をいただく過程が重要である。被害者といっても考え方や常識と考えるところは個人によってさまざまである。加害者側への対応も、**事例15** のように１つの事故の被害者のなかでも分かれている。１つの家族や夫婦のなかでも考え方が違う場合がある。連絡を拒んでいる相手に、一方的に謝罪文を送りつけたり、許してくれるよう頼むことは償いではない。紹介した３つの事例のように、被害者との対話のなかから生まれてくる方法が望ましいといえる。

④　償うということ

　加害者家族の自宅を訪問した際、亡くなった被害者のための仏壇や、遺影が飾ってあるところを何度か見たことがある。手帳に亡くなった被害者の写真を大切に挟んでいる人もいる。月命日には手を合わせ、季節ごとにお墓参りをする。さだまさしの「償い」の歌詞にあるように、毎月お金を振り込んでいる家族もいる。償いを継続している加害者家族に

とって、償いはもはや日常の一部である。

　被害者や弁護人などから促されてする行為もあるであろうが、自分の心の中で納得ができない限り、習慣化することは難しいであろう。**事例6**（本書64頁参照）では、被害者家族の信仰する宗教を勧められ、償いとして入信はするものの、自分の信ずることとは教義が異なることから中断するに至っている。

　償いは、決して被害者に隷従することではない。愛する人を失った極限の悲しみから、死をもって償えと言われることもあるであろう。しかし、死ぬことは責任を果たすことではない。大切なことは、罪（責任）と向き合うことではないだろうか。

⑶　道義的責任（人としての責任）を果たすということ

　交通事故案件では、多数、被害者側と加害者側の人々との間で交流が生まれていた。両者の関係が安定するまでに最低でも数カ月の期間を要しており、それまで加害者側は緊張の連続である。償いの生活に至るまでの道は平坦ではなく、被害者から罵倒され、周囲の人々から後ろ指を指されて、後悔と屈辱感から死を考えることも一度や二度ではない。「なぜ私が……」という思いの果てに、諦めることができなかったのは愛する家族への思いである。家族が事故を起こした事実は消すことができない。そうであるならば、事実を受け入れて生きていくしかないのではないか。

　償うことで、必ずしも罪が赦されるわけではないが、人として果たすべき責任を果たしていないのではないかという後ろめたさは、社会生活を送るうえで大きな精神的負担となっている。被害者の家族や知人に会ってしまったらと想像すると、顔を上げて外を歩くことができなかったが、きちんと謝罪ができたことによって日常生活が送れるようになったと話す人、償いをすることで後ろめたさから解放されていると話す人がいる。償いの道が開けていくことは、加害者家族の尊厳の回復にもつ

126　第3章　交通事故加害者家族の責任

ながっている。

小括

　家族の法的責任について、家族の監督責任の範囲や損害賠償額など今後の判例の積み重ねによる判断が待たれるところである。訴訟を提起されるという事態に対しては、一般的に身構えることであり、家族が事故を起こすリスクを意識している人々にとって、判例の動向は無視できない。一方で、すでに家族が人を死傷させる大事故を引き起こしてしまった場合、自分の行為が原因となって事故が起きたと考えている家族からは、むしろ法的責任が明確になった方が精神的に楽になるという発言も出ていたのである。交通事故は、賠償保険制度を利用できることが多いことから、保険制度が利用できないケースに比べると、法的責任を負う場合であっても加害者家族の経済的負担は少ない傾向にある。

　加害者のように法的責任が明確になるわけではなく、目には見えない「世間」からの脅威にさらされている加害者家族にとって、道義的責任（人としての責任）とどのように向き合っていくのか、加害者家族の問題を扱ううえで最も重要な課題ではないかと思われる。

［注］

1　自転車事故の法律上の論点がまとめられている参考文献として、髙木宏行・岸郁子編著『自転車事故の法律相談』（学陽書房、2014 年）。

2　判例時報 2197 号 84 頁。

3　子どもに責任能力があるか否かの判断は、概ね、小学校を終える程度の年齢と判断されている。14 歳の子どもの責任能力を否定した事例（東京地裁昭和 37 年 11 月 2 日判決・判例時報 324 号 26 頁）、12 歳の子どもの責任能力を肯定した事例（東京地裁平成 22 年 9 月 14 日判決・自動車保険ジャーナル 1836 号 55 頁）などがある。11 歳から 14 歳までは判断が分かれており、個別の事例ごとに検討される。

4　兵庫県の「自転車の安全で適正な利用の促進に関する条例」、「大阪府自転車の安全で適正な利用の促進に関する条例」、「滋賀県自転車の安全で適正な利用の

促進に関する条例」など、自転車損害賠償保険への加入を義務づけている。

5　この点、神戸地裁平成 25 年 7 月 4 日判決においても、加害行為と注意義務違反の内容から十分な指導や注意をしていたとはいえないと判断されている。ヘルメットを着用していなかった点も指摘されている。

6　詳細は、日本てんかん協会ホームページ参照（http://www.jea-net.jp/tenkan/menkyo.html〔2016 年 8 月 3 日アクセス〕）。

7　判例タイムズ 1391 号 224 頁・判例時報 2193 号 67 頁。

8　被告の家庭内暴力の影響で、免許取得や自動車の提供に協力せざるをえなかった事実が確認されている。

9　加害者家族の謝罪について世間学の立場から分析している参考文献として、佐藤直樹『なぜ日本人はとりあえず謝るのか──「ゆるし」と「はずし」の世間論』（PHP 研究所、2011 年）。

10　本書事例 16（112 頁）で、被害者の前歴を理由として謝罪を拒否しているケースは、例外と考えられる。

判例紹介「認知症事故判決」── 家族の責任をめぐる判決

　最近、家族として監督責任を問われるのではないかという認知症患者による事故の加害者家族からの相談が増えている。そこで、最近、社会的議論となった認知症の監督者責任に関する最高裁判例を紹介する。

　事案は、2007 年、認知症で要介護 4 の男性（91 歳）が、家族が介護中、家を抜け出し、電車にはねられて死亡した。JR は、同居していた 85 歳の妻と長男に、720 万円の損害賠償を請求した。

　名古屋地裁[1]は、長男を法定監督義務者や代理監督者と同視でき、他人の生命等に危害を及ぼす危険性を予見することは可能であったとして、民法 714 条の「責任無能力者の監督義務者等の責任」を認め、同居し身の回りの世話をしていた妻は、1 人で徘徊することを防止するための適切な行動を取るべき義務があったにもかかわらずそれを怠った過失があるとして、709 条の「不法行為による損害賠償責任」を認めた。名古屋高裁[2]は、長男について、同居はしておらず、成年後見人でも保護者でもないことから、民法

128　第 3 章　交通事故加害者家族の責任

714条1項の法定監督義務者や同条2項の代理監督者ということはできないとして責任を否定した。妻は、同居して生活している場合、夫婦としての協力扶助義務の履行が法的に期待できないとする特段の事情のない限りは、配偶者の同居義務および協力扶助義務に基づき、精神障碍者となった配偶者に対する監督義務を負うとして714条1項の法定監督義務者に該当するとしたうえで、徘徊をしたことがあった重度の認知症高齢者の外出を予防するような措置を取らなかったことから、民法714条1項ただし書の免責事由には当たらないとして、妻の責任を認めた。

　最高裁平成28年3月1日判決は、「妻が、民法714条1項の法定監督義務者に該当するか否かについて、精神障碍者に対する自傷他害防止監督義務が定められていた保護者制度の廃止や、禁治産者の後見人に対する療養看護義務が心身の状態および生活の状況に配慮しなければならない身上配慮義務にあらためられている点を指摘し、保護者や成年後見人であることだけでは直ちに法定監督義務者に該当するということはできない。そして、夫婦の同居、協力および扶助の義務を規定する民法752条は、夫婦間において相互に相手方に対して負う義務であり、第三者との関係で夫婦の一方に何らかの作為義務を課すものではなく、精神障碍者と同居する配偶者であることをもって、民法714条1項の法定監督義務者に該当するとはいえない」と判示した。さらに、「法定監督義務者に該当しない者だとしても、監督義務を自ら引き受けたとみるべき特段の事情が認められた場合には、法定監督義務者に準ずべき者として714条1項が類推適用されると解すべき」とした。

　法定監督義務者に準ずべき者か否かの判断は、①その者自身の生活・心身の状況、②親族関係の有無・濃淡、③同居の有無その他の日常的な接触の程度、④財産管理への関与の状況など関わりの実情、⑤日常の問題行動の有無・内容、⑥介護の実態、などを総合考慮して、客観的状況から判断すべきとした。そのうえで、

法定監督義務者に準ずべき者に該当するか否かについて、「妻は、当時85歳で要介護1の認定を受けており、第三者に対する加害行為を防止するために夫を監督することが現実的に可能な状況にあったということはできないことから、その監督義務を引き受けていたとみるべき特段の事情があったとはいえない」としている。長男についても、「20年以上同居をしておらず、1月に3回程度訪問していたにすぎないことから、その監督を引き受けていたとみるべき特段の事情があったとはいえない」として否定した。

　本判決は、認知症の介護者である家族の損害賠償責任について、妥当な結論を導いたものと評価できよう。しかし、認知症患者を持つ家族の監督責任について取り上げられているさまざまな要素が、家族の監督責任についての基準を示したものであるか否かについては、今後の判例の積み重ねを待つほかない。本判決に従えば、認知症の夫の妻が健康であり、趣味や買い物に出かけた際に起きたような事故であれば、責任が認められる余地も出てくるのではないか。在宅介護をしている家族にとって、やはり緊張を強いられる状況であることに変わりはない。

　加速する高齢化に福祉政策が追いつかないなかで、認知症患者を抱える家族が考えるべきことは何か。非行や依存症などにも共通することであるが、認知症患者の行動に家族として対応が難しいと感じてきた場合は、家族以外の協力者を得る努力をすることである。徘徊が始まった場合、近隣住民に事情を伝えておいたことで、早期発見につながったケースもある。閉鎖性の強い社会では対応が難しく、家族が抱える問題をオープンにできる地域性が求められている。

［注］

1　名古屋地裁平成25年8月9日判決・判例時報2202号68頁。

2　名古屋高裁平成26年4月24日判決・判例時報2223号25頁。

第4章　交通事故加害者家族の支援

はじめに

　これまで述べてきたように、過失によって取り返しのつかない重大な結果を招いてしまった加害者とその家族は、自責の念から自殺を考える傾向にあり、第三者の介入が必要なことは言うまでもない。自殺防止の観点からも、緊急に支援体制が構築される必要があり、医療機関や各種専門家による協働支援体制が急務である。

　本章では、前章までの検討を踏まえて、交通事故加害者家族支援のあり方と具体的支援の内容、最後に交通事故加害者家族の現状から見えてきた家族や地域が抱える課題と政策課題について検討する。

第1節　交通事故加害者家族支援とは

1　加害者家族支援とは何か

　ここで、筆者が考える「支援」について述べておきたい。加害者家族「支援」とは、応援や保護[1]とは異なり、加害者家族が抱える問題を扱うことであり、問題への介入を伴うことが予定されている。加害者家族の悩みを聞き、問題を整理し、問題をともに解決していく過程において支援者は、各種専門家の手配や加害者本人との接触を通して、相談者以上に事件・事故の情報を取得することになる。したがって、プライバシーを扱うにあたっての倫理的配慮と責任が求められる。

　支援の目的は、相談者の主体性、自立性の回復である。突然の出来事

はじめに　131

に戸惑う相談者に対して、支援者は経験や知識に基づき導き手となりながらも、相談者と同じ目線で問題を解決していく伴走者でなければならない。

　WOHでは、「加害者家族相談」ではなく「加害者家族支援」と表記しているが、相談者への助言に留まらず、被害者に対する謝罪への同行や加害者との面会といった行動を伴うことを意味している。

2　加害者家族支援の変遷

(1)　受動的支援から能動的支援へ

　WOHは、2008年12月から、わずかな先行研究を頼りに半ば手探りで支援を進めてきた。支援の柱は、ホットラインによる情報提供と2カ月に一度の加害者家族の集いの開催であった。加害者家族が抱える問題に耳を傾け問題を共有することが基本であり、助言や同行支援などの具体的介入は行っていなかった。加害者家族問題とは何か、その傾向が把握できず、対策を立てることが難しかったことから、とにかくひとつひとつのケースに対応していくしかなかった。

　2012年11月、トヨタ財団研究助成によって、加害者家族の全国的な調査に乗り出した。調査の目的は、日本における加害者家族の現状と各地域の社会資源について把握することである。全国各地の代用監獄や拘置所、裁判所、刑務所におもむき、現地の弁護士と連携を図り、それぞれのケースの問題解決を行った。2年間の調査によって、200件以上の加害者家族の支援を経験し、加害者家族が抱える問題と支援のニーズが明らかとなった[2]。

　以降、相談者のニーズに対応できるように、刑事弁護士、不動産経営者、刑務所の処遇カウンセラーなどの専門家に協力を依頼し、加害者家族が抱える問題に対して具体的な問題解決を図ることが徐々に可能と

132　第4章　交通事故加害者家族の支援

なった。ホットラインは、加害者家族からの駆け込み相談に対して、当該事件が刑事手続のどの段階にあるのかをもとに、一定の状況を把握することによって家族が各場面において何を考えておくべきかという助言がある程度可能となった。

(2)　心のケアから人権擁護の視点へ

　加害者家族が抱える問題のなかには、解決可能な問題とそうではない問題があり、両者を峻別することは容易でない場合もある。しかし、支援者は、可能な限り、問題解決の可能性を探ってみる必要がある。2008 年から 2010 年頃までの団体設立当初は、スタッフの専門性が欠如しており、参考人としての事情聴取における苦痛や、情状証人として出廷することへの不安、被害者との関係における悩みなどに対して、心のケアという視点でしか対応できていなかったが、現在では弁護士による介入や転居が現実に可能となったことによってさらに心理的負担を軽減することが可能となった。

　捜査段階では特に、加害者家族は捜査機関や報道機関といった巨大な権力に個人で対応することは困難である。実名報道を発端として、被疑者の家族のプライバシーまで暴露されている状況において、これまで放置されていた人権侵害に対して、法的対応が検討されるべき時期に来ている[3]。

3　交通事故加害者家族支援とは何か

(1)　ケアの視点

　交通事故加害者家族支援は、社会的制裁から家族を守る支援というよりは、事故後に変化していく被害者や家族など加害者家族の周囲の人々

との関係性に焦点を当てた支援が中心となる。支援における大きな2つの柱は、「被害者対応への助言・介入」と「加害者本人への支援」である。つまり、家族として被害者とどのように向き合っていけばよいのかという方向性が見え、事故を起こした加害者が自立した生活を送ることができるように支援していくことが、加害者家族の罪責感を和らげ、精神的負担を減らしていくことにつながると考えられる。

　故意犯の家族支援においては、家族を通した加害者への支援にあたって、加害者の更生という視点が不可欠であったが、過失犯の支援にあたっては第一に、ケアの視点が重視される。

⑵　在宅事件

　故意犯の家族支援との大きな違いは、交通事故は在宅事件として扱われるケースが多いことから、加害者と家族の物理的距離が近いことである。事故後、情緒不安定な状態で家庭にいる加害者への対応に、家族は頭を悩ませているケースが多く見られる。

　加害者とその家族、それぞれが抱く事故への罪責感に違いはあるが、事故の衝撃は双方に加わっており、双方のケアが必要であることは間違いがない。刑事弁護人や保険会社との連携によって、介入の糸口をつかむことが課題である。

4　支援の流れ

　交通事故加害者家族支援においても、その他の加害者家族支援と同様、事故の紛争処理がどのような段階にあるのかという情報は、相談者の置かれている状況を把握するうえで欠かせない要素である。事件発生から、刑事裁判、民事裁判などを経て、加害者家族が援助を必要としなくなるまで継続的、長期的な総合支援体制が求められている[4]。

さまざまな支援は、しかるべき時期に行われることでその効果を上げ、相談者の回復を促進することができる。事故が起きた後は、受動的に時間の経過を待つのではなく、紛争処理の過程を意識して行動することが、生活のリズムを取り戻すことにもつながる。
　以下、刑事手続の流れに沿って、必要な支援を整理する。

図14：支援の流れ

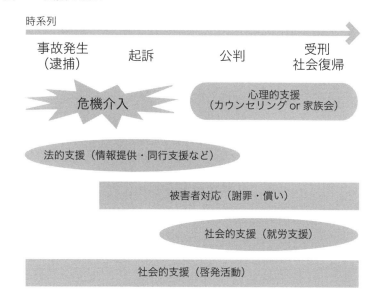

(1) 事故発生直後（捜査段階）

　WOHに寄せられた加害者本人からの相談では、死亡事故の加害者のほとんどが、事故直後に「死にたい」と訴え、不眠や食欲不振が続き、そばにいる家族は加害者の情緒不安定な様子に不安を募らせていた。WOHの調査では、加害者の自殺および自殺未遂は、事故から1カ月以内に起きており、最も緊張感を持った対応が求められる時期である。在宅事件においては、できるだけ早い時期に、家族が一緒に加害者と医療機関を受診しておくことが望ましい。

第1節　交通事故加害者家族支援とは　135

⑵ 起訴から公判まで

　在宅事件では、被疑者・被告人は、事故を起す前と同じように仕事を継続しているケースもあるが、公判期日が決定すると、実刑判決への不安などから加害者が情緒不安定になる傾向があり、再び緊張感が高まる時期である。家族は、刑事裁判において、情状証人としての出廷を求められることもあり、法廷への同行支援や裁判に関する情報提供が検討される時期である[5]。

　身柄事件においては、加害者が保釈された後、被害者への謝罪や、事故現場に献花に行くといった贖罪行動と、カウンセリングを受けるといったケアの時間として過ごすことが有効である。加害者本人は、交通事故加害者の手記を読むなど事故と向き合う時間を作り、家族もまた、事故を受けて家族としての問題や課題と向き合う時間を過ごしたうえで裁判を迎えることが、これから二度と同じ過ちを繰り返さないために必要であり、こうした取り組みは重要な情状要素として裁判の結果に影響を及ぼすことにもなる。

　さらに、実刑判決が下った場合の家族の生活について、具体的に計画を立てておくべきである。

⑶ 判決確定後

　被告人に実刑判決が下った場合、受刑中の家族の生活をどうするか、また、受刑中の被害者対応についても家族で話し合っておくとよい。子どもがいる場合、親が服役することについての説明が必要である。子どもの発達段階によって理解力は異なるが、できるだけ加害者本人から事実を伝えることが子どもの将来にとって重要である。

　収監によって、家族は、加害者本人と物理的な距離ができることによって、家族自身の問題と向き合う時間が作りやすくなることから、グループカウンセリングなどの心理的支援を受けるに適した時期である。

加害者がすでに社会復帰をしているケースにおいても、家族は一時的に緊張が解け、これまでの疲労感が一気に襲ってくる時期であることから、継続した心理的支援を受けることが望ましい。

第2節　具体的支援

1　ホットライン（窓口）

　相談者の訴えを自分の問題意識や専門性に当てはめるのではなく、目の前の相談者が何を必要としているのか、相談者の負担を軽くするために何をすればよいのか、相談者の話によく耳を傾け、ともに考える姿勢が求められる。

　過失事案において、加害者と加害者家族に共通する感情は、思わぬ事故によって、突然に日常が剥奪されるということである。この先どのような事が起きるのか、予測できずに不安の渦の中にいる加害者とその家族に対し、支援者に第一に求められることは、この先起こりうることや、対応すべきことについての道筋を示すガイドとしての役割である。

　安易な慰めではなく、同じ体験をした人々が時間とともに回復に向かい、被害者への償いを続けているという事実を伝えることによって展望を示すことが、自殺を思い留めることにつながってきた。

　実態調査によって明らかとなったことは、事故を起こしてしまった加害者は、深い自責の念にさいなまれ、身体的にも精神的にもどれほど追いつめられていたとしても、「加害者」という立場ゆえに支援につながりにくい状況にあるということである。「加害者」とは、一般的に、罰を受ける身分であり、矯正はあっても「支援」は不要であると考えられているかもしれない。それゆえ、突然、「加害者」という立場になった場合、1人ではどうにもならないような状況に陥りながらも、支援

第2節　具体的支援　137

を受けるという発想に至らないケースが多いのではないかと思われる。
WOH では、加害者家族が主体となり、加害者を支援の場所につないで
いる。家族は、身体が拘束されていないことから、さまざまな機関にア
クセスが可能であり、家族によるアプローチによって、自殺の危機にあ
る人々を共同で支援する体制を構築することが可能である。

2　法的支援

⑴　加害者家族と刑事弁護

　交通事故加害者家族支援は、「なぜ事故が起きたのか」という分析か
ら始まると言っても過言ではない。事故原因が、家族とどのように関わっ
てくるのかを明らかにしなければ、真の意味での加害者の更生も被害者
への謝罪も導くことはできない。
　事故原因の分析は、民事裁判における家族の法的責任を判断するうえ
でも家族にとって不可欠な要素であり、刑事弁護人による積極的な実態
解明が求められるところである[6]。

⑵　修復的アプローチの検討

　交通事故では、１つの事故から複数の被害者が生まれる場合があり、
加害者とその家族だけでは、被害者対応が非常に困難であるケースも存
在している。被疑者の身体が拘束されている場合、家族が被疑者の代わ
りに謝罪に出向くケースは多いが、事故の衝撃で傷ついている加害者家
族にとって、家族だけで対応するには負担が大きく、精神的な限界を迎
えてしまうケースも存在している。加害者家族支援が十分ではない現状
で、謝罪への同行など被害者側との窓口として、弁護士にも協力を求め
たいところである。

しかし、被害者との間に弁護士が介入することは、必ずしも双方の関係修復を促進させるわけではなく、被害者に脅威や圧力を与えてしまい、逆にトラブルを招いてしまっているケースも存在する。判決の確定によって業務を終了する専門家にとって、被害者対応は紛争解決の一部であり、何らかの決着を迎える問題かもしれないが、事故の当事者にとっては一生続いていく問題なのである。支援団体やその他の専門家は、加害者家族が希望しない限り自動的に支援につながるシステムが存在しない現状において、必然的に被疑者と接触する弁護人には、被害者対応に関して、被害者支援団体や加害者家族支援団体、心理の専門家らと協力し、長期的な支援体制を築いていくことを検討していただきたい。

3　心理的支援

(1)　専門職による支援の必要性[7]

　警察庁科学警察研究所が、死亡事故の加害者と遺族を対象とした心的外傷後ストレス障害(PTSD)に関係する症状の度合いを調査したところ、事故直後に「不眠やいらいらがある」と答えた加害者は60％、「感情がなくなる」は55％、「突然、事故の事を思い出す」は73％と、事故直後のストレスが高いという結果が出ているという報告がある[8]。
　加害者の精神的安定は、同居している家族の精神的安定と切り離すことができないといっても過言ではない。事故直後は自殺のリスクが高い時期であり、加害者本人ができるだけ早い時期に医療機関につながる必要がある。

第2節　具体的支援　139

⑵　グループアプローチ

①　グループの意義

　WOH による加害者家族支援において、「家族会」と称しているグループアプローチは、社会的に孤立する傾向にある加害者家族が回復していくうえで重要な役割を果たしている。

　WOH において加害者家族の心理的支援を担ってきた臨床心理士の駒場・相澤は、加害者家族支援におけるグループの意義として、「加害者家族という存在の共有」「抑制している感情の解放」「家族の中に犯罪（事故）が生じたことの意味の問い直し」を挙げている[9]。

　「家族会」は、WOH 設立当初は、運営資金や人的資源が乏しいなかで唯一提供できた支援として、ケアというよりは「居場所」という意味合いが強く、参加者が語る内容は、司法についての疑問や質問から、蘇ってくる事件の記憶といった心理的な内容までさまざまであった。加害者家族の実態に関する情報が蓄積され、情報提供や法的支援といったその他の支援内容が充実化するにつれて、家族会は、加害者家族としての自分を語る「ケアのための空間」として機能するようになった。

　加害者家族が一時的にでも孤立感から解放され、職場や家庭のなかでさえも押し殺している感情を解放し、精神的な負担を減らすための空間として家族会を機能させていくためにまず検討されるべきはグルーピングである。WOH では、「親の会」「配偶者の会」といった加害者との関係性（続柄）を軸としたいくつかのグループを構成している。家族会が発展していくなかで、血族と姻族の間で、加害者家族としての悩みや立場の違いが顕著になってきたからである。交通事故加害者家族の会は、WOH の家族会としては、事件の内容を軸として組織した初めてのグループである[10]。

　捜査段階では、捜査機関や報道への対応、示談への協力など、事件・事故の処理に家族も巻き込まれ、生活が落ち着かない状況が多く、グループよりも個別対応のニーズが高い傾向にある。家族会への参加を促す時

期としては起訴後が適している（**図14**参照）。

② 交通事故加害者のグループ

これまでWOHの家族会には、交通事故の加害者家族も参加していた。参加した加害者家族は、家族会のなかでの違和感を理由として継続的に参加することはなかった。交通事故加害者家族が抱いた「違和感」とは、故意事案と過失事案の相違によるところが大きいと思われる。危険運転致死傷罪に該当する事案であれば、過失といえども加害者家族が受ける衝撃や置かれる立場は故意による犯罪のケースに近いが、それ以外の交通事故案件の多くは、過失犯であるがゆえに家族は加害者に同情的であり、家族として加害者を支えていくことにも迷いがなく積極的な傾向にある。自分の家族が起こした事故をどのように位置づけるのかは、参加する加害者家族の判断に委ねられるべきであり、複数のグループが用意されることは、参加者の選択肢を増やし、よりニーズに即した空間を提供することに資すると思われる。

交通事故案件については、家族会のみならず、加害者本人のグループも並行して実施している。交通事故加害者のグループは、加害者家族からの紹介によって集まった加害者本人が参加するグループである。加害者家族と同様に、同じ境遇にある人との出会いに対するニーズが高く、会のなかでは、事故を起こしてしまったことへの後悔、犠牲になった被害者やその家族、そして、迷惑をかけた家族への思いが語られている。語りの中心となるテーマから、「償いの会」と名付けた。

③ 方法

会はクローズド（当事者以外参加不可）で開催される。参加者は、10人以下の少数のグループで構成しており、開催時間は休憩を挟んで90分程度である。ファシリテーターと呼ばれる進行役が会を進めていく。WOHでは、スタッフがファシリテーターを務め、臨床心理士がアドバイザーとして参加している。

第2節 具体的支援 141

まず、ファシリテーターが会の趣旨と参加にあたってのルールを説明する。ルールは、①会の内容は外部に漏らさない（プライバシーの尊重）、②トーキングスティックを持っている人だけが話をする（平等な発言の機会の確保）、③他の参加者の発言に対して、批判、否定、比較をしない（他の参加者の尊重）、④聞いているだけでもよい、⑤話す内容は自由である（参加者の自由の尊重）、といった内容である。

　ファシリテーターが参加者にトーキングスティックを渡し、順番に回していく。加害者家族の集いにおいて重要なのは、会が終了した後のスタッフによる参加者へのフォローである。参加者が他の参加者の話を聞いていて、各種手続の進行速度の違いや被害者対応にあたって、不安や疑問を持つことがあるからである。スタッフは、そうした参加者の不安や疑問について、個別に対応し、説明を行うことが求められる。

4　社会的支援

⑴　直接的支援

　交通事故加害者家族も故意犯の家族と同様、事故の後は、周囲の視線を気にしながら生活する傾向にあり、公的な場に出にくいという悩みは共通している。加害者家族が社会とのつながりを再構築していくために、生活基盤の確保としての就労支援や事故によって迷惑をかけてしまった人々との関係修復に向けた支援が求められている。

　WOHが受理したケースの半数以上は、事故後、会社側は加害者に同情的であり、配置転換や転勤になったとしても失職は免れているケースが多かった。それでも、事故を起した社会的責任として、職を辞すべきと考える加害者も多い。退職や転職は、家族の生活にも大きく影響を与えることであり、慎重な判断を要する。交通事故加害者が職場復帰を不安に思う理由として、職場の人間関係と運転への不安が挙げられている。

心理的支援において紹介した「償いの会」では、参加者である加害者から社会復帰への悩みについても語られており、経験者による体験が社会復帰のあり方を考えるうえで非常に役に立ったという報告もあった。加害者本人および加害者家族の社会復帰については、就労に関する情報提供だけに留まらず、心理的支援を基礎として行われる必要がある[11]。

　事故の影響が及ぶ範囲はさまざまであり、加害者とその家族の社会復帰にあたっては、親族や会社、事故現場の住民など迷惑をかけてしまった人々に対してきちんと謝罪をし関係修復を果たすことは、加害者とその家族が生活を続けていくにあたって、加害者としての後ろめたさを払拭し罪責感を和らげることにもつながっている。しかし、加害者側だけで対応することは、大きな緊張を伴うことであり、具体的な謝罪方法への助言や謝罪への同行支援といった第三者を介した関係修復に向けた支援[12]が求められる。

(2) 間接的支援（社会啓発）

① 加害者と支援

　故意で起こした事故ではなくとも、事故の原因を作った「加害者」は、道義的な意味も含め、責任を負わなければならないであろう。ただし、1人では問題に気がつくことが困難であったり、被害者に対してどのような償いをしてよいのかわからないと悩む加害者に対して、ともに解決の道を探していく支援は必要である。被害者側が、加害者からの謝罪や償いを求めているならば、被害者のニーズに沿うことにもなる。被害者支援も十分ではない現状において、加害者支援を強調することは、被害者側の心情を害するかもしれないが、加害者を支援することによって被害者の利益が侵害されるという関係にはない。

　交通事故加害者家族は多くの人が経験する可能性をはらんでおり、かつて犯罪の被害を受けた人々がある日突然、加害者側に転じることも現実に起きているのである（**事例5**〔本書62頁参照〕）。1つの家族のな

第2節　具体的支援　143

かで、加害者と被害者が存在するケースもある（**事例4**〔本書56頁参照〕）。被害者と加害者は固定的な地位ではなく、現実として、突然に逆転しうる立場として、社会におけるリスクマネジメントとして双方に対する支援が社会的に想定されなければならないのではないだろうか。

② 「加害者家族」という視点の導入

加害者家族のなかには、支援を要せず、自立した生活を送る人々もいるであろう。しかし、加害者家族は社会的差別にさらされやすく、マイノリティ（社会的弱者・少数者）に属する集団とみなされる。それゆえ、何らかの支援を要する人々であると捉え、社会に対して、支援を求めてよいのだという権利意識を喚起する必要がある。人権教育や、交通安全教育においても加害者家族という視点が導入されることによって、これまで社会のなかで見えにくかった存在が可視化され、当事者が問題を悪化させてしまう前に適切な支援につながるという発想を定着させていく必要がある。

第3節　交通事故の予防的観点からの支援

1　事故の検証と家族の問題を見直すことの重要性

近年、家族の法的責任が問われる訴訟[13]に関する報道が相次いだことから、加害者家族になるかもしれないというリスクを抱える人々からの相談が急増している。具体的には、物損事故を繰り返しながらも運転を止めない高齢者の家族や、暴走に近い運転を繰り返す非行の子を持つ親、アルコールや薬物依存者の家族、てんかん患者の家族などからの相談である。

成人の加害者が起こした事故において、同居している家族の法的責任

が認められた判決[14]は、法的な評価は別として、交通事故と家族の問題を考えるうえで、教訓とすべき問題を提起している。本事案では、加害者は、クレーン車事故を起こす以前に、てんかん発作による交通事故を5回起こしている。母親は、加害者からの家庭内暴力への恐怖から、事故が起きた際、てんかん発作による事実を隠蔽したり、運転免許の取得にも協力せざるをえない状況が存在した。加害者が起こした事故の1件は、自動車運転過失致死傷罪で起訴されているが、この事故の検証が徹底され、このときに家族に対して何らかの介入がなされていれば、多数の死者を生む大事故は避けられた可能性がある。

　他の事案においても、死亡事故を起こす前に、事故を起こしているケースが多々みられる。被害が小さかったことから簡単に問題が処理されてしまい、同じ原因による大事故につながっているのである。交通事故を起こした場合、たとえ被害が小さかったとしても、事故が起きた原因を徹底解明することが、事故再発のリスクを下げることにつながる。このとき、加害者本人だけでなく家族や同居人も、事故の原因を理解することで、将来家族をも巻き込むかもしれない大事故を防ぐことにつながる。

　予防として、未成年者の親としては、自転車購入の際に保険に加入しておくことは基本として、家庭においても自転車運転にあたっての教育が不可欠である。子どもであっても加害者になりうるというリスクは想定しておかなければならない。認知症の患者を持つ家族は、医療機関と連携し、運転の安全性について本人だけではなく家族も把握しておくことは重要である。安全運転が難しい状況にある場合、車のキーの管理などを家族が担うといった工夫が必要である。

第3節　交通事故の予防的観点からの支援　145

2 社会的課題

(1) 支援体制の整備

　近年、さまざまな内容の相談に対応した情報を紹介してくれるワンストップサービスなどが全国各地で広まっており、困りごとを抱えながらもどこに相談したらよいかわからないという人々が情報につながりやすいシステムが構築されている。

　しかし、情報を得ながらも、該当する専門機関につながらないまま問題を悪化させてしまっているケースが存在していることに注意しなければならない。交通事故加害者家族のなかには、問題に対応した専門家の情報を有していながらも、医師や弁護士に対して過去に相談した経験から信頼が持てなかったり、債務整理など専門家に任せることが責任放棄であると解釈し、相談できないまま問題を深刻化させてしまっていたケースが見られた。こうした状況にある相談者に対しては、時間をかけて話を聞き、信頼関係を築いたうえで、専門機関への紹介や同行支援をする必要がある。

　事故を起こすに至る背景に家族病理が存在するケースも少なくなかった。家族の問題は非常にデリケートであり、問題を抱えた家族が相談につながることは勇気のいることである。密室性の高い家族の悩みを社会がどのように掬い上げていくか、さまざまな問題を解決していくうえで今後大きな課題となろう。

　さらに、家族病理の発見や交通教育について、家族だけで対応するには限界がある。高齢者の親や思春期の子どもに対して、家族がどれほど説得を試みても本人が応じないケースは多々みられる。学校、医療機関、弁護士、カウンセラーなど相談体制が整備され、家族の問題をともに解決するシステムが求められている。

⑵ 地方における交通政策

　都市郊外問わず、交通事故は日本全国どこでも起きており、さまざまな交通環境にある加害者家族から相談が寄せられたが、事故が起きた後の問題は、都市部よりも公共交通機関が十分ではない地方において複雑化している。

　地方においては、移動手段、仕事、専門家など交通事故加害者家族が必要となるあらゆる選択肢が不足しているのである。さらに、閉鎖的なコミュニティにおいて、事故後の人間関係はさらに複雑化している傾向もある。交通事故を起こしたことが原因と考えられる自殺も地方で起きており、交通事故の統計からは見えなかった事実も明らかとなった。**事例11**（本書93頁参照）の地域では、子どもたちのほとんどが自転車に乗っているにもかかわらず、高額化している自転車事故の損害賠償について知っている人は少なく、自転車保険という発想さえなかった。こうした地域こそ、条例制定による啓発が必要ではないかと思われる。**事例13**（本書100頁参照）の地域も、住民の移動手段は自動車であり、通勤にあたって、体調が悪い日は公共交通機関を利用するということができない環境にある。頻繁にタクシーが通っているわけでもなく、緊急時にタクシーを呼ぶにも時間がかかるのである。持病のある人だけではなく、風邪気味の人や妊娠中の人も運転しなければならない環境なのである。

　病気や高齢でも運転を余儀なくされるような環境では、大惨事を招きかねない。各地域で起きている交通事故の傾向をきちんと分析し、再発防止に向けた交通政策を検討していく必要がある。

［注］

1　支援と保護について、宿谷晃弘「加害者家族支援の理論的基礎に関する予備的考察——修復的正義の視点から」『加害者家族支援の理論と実践』40〜53頁。

2　本調査結果をまとめた書籍が『加害者家族支援の理論と実践』である。

3 これまで放置されていたインターネット上の誹謗中傷などに対して、警告を促す書籍も出版されている。鳥飼重和監修『そのつぶやきは犯罪です』（新潮新書、2014）、清水陽平『サイト別ネット中傷・炎上・対応マニュアル』（弘文堂、2015）。

4 この点、阿部恭子「加害者家族の現状と支援に向けて」『加害者家族支援の理論と実践』11 〜 24 頁までを併せて参照されたい。

5 阿部恭子「起訴から公判に向けての支援——被告人の更生と家族」『加害者家族支援の理論と実践』85 〜 100 頁参照。

6 この点、加害者家族支援において述べてきたことと同様である。阿部恭子「第2 部　加害者家族と刑事弁護」『加害者家族支援の理論と実践』69 〜 136 頁を参照されたい。

7 WOH では、24 時間対応の加害者家族ホットラインを設置している。相談の主たる対象者は加害者家族であって加害者本人ではない。しかし、情緒不安定な加害者への対応に困っている家族からの相談において、スタッフが加害者本人からの悩みを聞いたうえで、家族とともに対応を検討することがある。

8 日本経済新聞 2010 年 8 月 14 日。

9 詳しくは、駒場優子・相澤雅彦「加害者家族へのグループアプローチ」『加害者家族支援の理論と実践』195 〜 204 頁参照。

10 薬物依存症や性犯罪の家族のグループは、病院や他の団体も行っていることから、WOH ではそちらを紹介している。

11 就労や転居の支援に関して、関孝ヱ・菊地登康「加害者家族の生活保障」『加害者家族支援の理論と実践』145 〜 150 頁参照。

12 阿部恭子「関係修復に向けた支援——修復的司法の実践」『加害者家族支援の理論と実践』164 〜 174 頁参照。

13 子どもが起した事故に対し保護者はどこまで責任を負うのかが注目されたのは、最高裁平成 27 年 4 月 9 日判決・判例時報 2261 号 145 頁・判例タイムズ 1415 号 69 頁である。本判決は、11 歳の男子児童が蹴ったサッカーボールを避けようとして男性が転倒し負傷した事件である。大阪地裁平成 23 年 6 月 27 日判決・判例時報 2123 号 61 頁は、両親は監督義務を怠ったとして 1,500 万円の賠償命令を下したが（大阪高裁平成 24 年 6 月 7 日判決・判例時報 2158 号 51 頁も同趣旨）、最高裁は両親の監督責任を否定した。

14 宇都宮地裁平成 25 年 4 月 24 日判決・判例タイムズ 1391 号 224 頁・判例時報 2193 号 67 頁。

おわりに

　運転という日常的な行為に潜むリスクは計り知れないものである。事故を起こして初めて、破壊された日常、家族の生活と名誉、遺族感情など、保険ではカバーしきれない問題が山積していくこと、そしてその問題の深刻さに気がつくのである。

　交通事故加害者家族支援では、被害者や被害者家族との出会いも数多くあった。痛々しい傷跡を体に残している被害者、愛する人を失い涙を止めることができない遺族……。「なぜあの時……」という後悔、罪責感、無念の思いは、被害者やその家族のなかにも存在していた。事故によって、日常を奪われる状況は被害者もまた同じである。

　科学技術や医学が日進月歩で発展している現代社会で、なぜこのような悲しい出来事を止めることができないのだろうか。死に直面するたびに思い出されたのは、東日本大震災の記憶だった。

　災害や事故の発生を食い止めることはできないが、生きている私たちがすべきことは、災害や事故が起きた後、それ以上の死者を出さないことである。そのために、加害者家族支援として何ができるのか、交通事故加害者家族の体験が教えてくれた。本書をきっかけとして、普段遠ざけているかもしれない、加害者家族となりうる現実に向き合っていただければ幸いである。

　加害者家族への理解と共感の輪が広がっていくことを願ってやまない。

［参考文献］

○阿部恭子編著・草場裕之監修『加害者家族支援の理論と実践 ── 家族の回復と加害者の更生に向けて』（現代人文社、2015 年）。

○川本浩司『交通刑務所の朝』（恒友出版、1985 年）。

○川本浩司・橋本和雄『交通刑務所の朝Ⅱ ──"まさか"の悲劇が…誰もが当事者になり得る現実』（ごま書房新社、2014 年）。

○今江秀和・鈴木健一「交通事故加害者となった学生への支援に関する一考察」学生相談研究第 34 巻第 2 号（2013 年）124-133 頁。

○月刊福祉編集部「交通事故"加害者"家庭の幼児たち ── 親の過失でなぜ児童の福祉が損なわれるのか」月刊福祉 59 号 5 巻。

○佐藤直樹『なぜ日本人は世間と寝たがるのか ── 空気を読む家族』（春秋社、2013 年）。

○佐藤直樹『犯罪の世間学 ── なぜ日本では略奪も暴動もおきないのか』（青弓社、2015 年）。

○佐藤直樹『なぜ日本人はとりあえず謝るのか ──「ゆるし」と「はずし」の世間論』（PHP 研究所、2011 年）。

○鈴木伸元『加害者家族』（幻冬舎、2010 年）。

○高木慶子・山本佳世子『悲嘆の中にある人に心を寄せて ── 人は悲しみとどう向かい合っていくのか』（ぎょうせい、2014 年）。

○髙木宏行・岸郁子編著『自転車事故の法律相談』（学陽書房、2014 年）。

○高野真人『交通事故判例 140』（学陽書房、2014 年）。

○藤村和夫・山野嘉朗『概説交通事故賠償法』（日本評論社、2014 年）。

○堀田一吉・山野嘉朗編著『高齢者の交通事故と補償問題』（慶應義塾大学出版会、2015 年）。

◎著者略歴

阿部恭子／あべ・きょうこ

NPO 法人 World Open Heart 理事長。東北大学大学院法学研究科博士課程前期修了（法学修士）。2008 年大学院在籍中に、社会的差別と自殺の調査・研究を目的とした任意団体 World Open Heart を設立（2011年に NPO 法人格取得）。宮城県仙台市を拠点として、全国で初めて犯罪加害者家族を対象とした各種相談業務や同行支援などの直接的支援と啓発活動を開始、全国の加害者家族からの相談に対応している。著書『加害者家族支援の理論と実践――家族の回復と加害者の更生に向けて』（編著、現代人文社、2015 年）、『悲嘆の中にある人に心を寄せて――人は悲しみとどう向かい合っていくのか』（分担執筆、ぎょうせい、2014 年）。

◎監修者略歴

草場裕之／くさば・ひろゆき

弁護士、仙台弁護士会所属。東北大学法学部卒業。日弁連子どもの権利委員会副委員長、仙台弁護士会刑事弁護委員会委員長などを務める。その他、NPO 法人仙台ダルクグループ理事、東北・HIV 訴訟を支援する会事務局長、東北薬害肝炎訴訟を支援する会事務局長。監修『加害者家族支援の理論と実践――家族の回復と加害者の更生に向けて』（現代人文社、2015 年）。

<ruby>交通事故加害者家族<rt>こうつうじこかがいしゃかぞく</rt></ruby>の<ruby>現状<rt>げんじょう</rt></ruby>と<ruby>支援<rt>しえん</rt></ruby>

交通事故加害者家族の現状と支援
過失犯の家族へのアプローチ

2016 年 9 月 5 日　第 1 版第 1 刷発行

著　者　　阿部恭子
監修者　　草場裕之
発行人　　成澤壽信
編集人　　齋藤拓哉
発行所　　株式会社 現代人文社
　　　　　〒 160-0004　東京都新宿区四谷 2-10 八ッ橋ビル 7 階
　　　　　振替　00130-3-52366
　　　　　電話　03-5379-0307（代表）
　　　　　FAX　03-5379-5388
　　　　　E-Mail　henshu@genjin.jp（代表）／ hanbai@genjin.jp（販売）
　　　　　Web　http://www.genjin.jp
発売所　　株式会社 大学図書
印刷所　　シナノ書籍印刷 株式会社
装　丁　　Nakaguro Graph（黒瀬章夫）

検印省略　PRINTED IN JAPAN　ISBN978-4-87798-647-6　C2032
ⓒ 2016　Abe Kyoko

本書の一部あるいは全部を無断で複写・転載・転訳載などをすること、または磁気媒体等に入力することは、法律で認められた場合を除き、著作者および出版者の権利の侵害となりますので、これらの行為をする場合には、あらかじめ小社また編集者宛に承諾を求めてください。